DE OTRO MODO DE SER MAESTRO

Carlos Díaz

DÍAZ HERNÁNDEZ, Carlos, *De otro modo de ser maestro,* prólogo de Víctor Sánchez de León Ibarra, edición al cuidado de G. Rueda, Editorial Ygriega, Madrid, 2025, 266 pp. 16 X 16 cm. cubierta: Grafismo Y

© Editorial Ygriega © De los textos, su autor. © De las imágenes, sus autores

Papel: ISBN 979-13-87734-04-6 **EAN:** 9791387734046

Digital: ISBN 979-13-87734-05-3 **EAN:** 9791387734053

Depósito legal: M-6619-2025

Una vez superados los gastos de producción, los derechos de autor correspondientes a este libro serán donados a *Cáritas*

Información: editorialygriega@gmail.com

https://editorialy.blogspot.com/p/ed-y-novedades-catalogo.html

VENTA EN PAPEL: Librerías en España. Además:

grupoediciones19.bajodemanda.com

Península Ibérica, Canarias y Baleares https://www.agapea.com/

Argentina *CUSPIDE http://www.cuspide.com/ *MANDRAKE mandrakelibros.com.ar *OZONUM Mercado Libre https://listado.mercadolibre.com.ar/

Brasil *O ATENEUM www.oateneum.com.br

Colombia *LEMOINE EDITORES www.librosyeditores.com *BIBLIOSTORE Mercado Libre https://listado.mercadolibre.com.co/ *LIBRERIA DE LA U www.libreriadelau.com

Chile *BIBLIOSTORE CHILE - Mercado Libre https://www.mercadolibre.cl/ *Voy a Leer www.voyaleer.cl / *WePrint

Ecuador *POWER STORE BOOKS www.powerstorebooks.com *THE BOOKS LINK www.thebookslink.com

Estados Unidos: *Ingram-US

Guatemala *SOPHOS

Méjico *BIBLIOSTORE México - Mercado Libre https://www.mercadolibre.com.mx/ *Librerías GANDHI www.gandhi.com.mx/ *Librerías GONWIL www.gonvill.com.mx

Perú *ALEPH IBD (Mercado Libre) https://listado.mercadolibre.com.pe/ *Librería SBS https://www.sbs.com.pe

Uruguay *MERCADOLIBROS (Mercado Libre) https://mercadolibros.uy/ *PALACIO DEL LIBRO S.A. www.libreriapocho.com.uy

DIGITAL: https://www.casadellibro.com/

¿Desde dónde se pueden comprar los eBooks?

España, Portugal, Austria, Alemania, Argentina, Bélgica, Chile, Chipre, Colombia, Eslovaquia, Eslovenia, Estonia, Finlandia, Francia (Guayana Francesa, Guadalupe, Martinica, Reunión, San Pedro, Miquelón, Wallis y Futuna.), Grecia, Irlanda, Italia, Luxemburgo, México, Mónaco, Países Bajos, Polinesia Francesa, Reino Unido, Suiza.

ADEMÁS https://vivlio.casadellibro.com/

Argentina, Chile, Colombia, España, Francia, México y Reino Unido

DE OTRO MODO DE SER MAESTRO

"Cuanto más viejo se hace uno, tanto más crece en él la inclinación a agradecer. Ante todo, agradecimiento hacia arriba. Ahora, más de lo que nunca hubiera sido posible anteriormente, la vida se recibe como un don gratuito, y cada hora que se vive se recibe como un regalo sorprendente, con las manos extendidas en agradecimiento. Después, agradecimiento una y otra vez a cada uno de los prójimos, aunque ellos no hayan hecho nada particular por uno. ¿Por qué, pues? Porque, cuando me encontró, me encontró realmente; porque abrió los ojos y no me confundió con ningún otro; porque abrió sus orejas y aceptó confiadamente lo que yo le decía; y porque abrió aquello a lo que realmente uno se dirigía. Las gracias que aquí doy a todos no las doy a una totalidad, sino a cada uno en particular". Danksagung escrita por Martín Buber a la caída de su tarde en 1958.

Con ese mismo sentimiento agradezco en el alma a estos amigos que me han ayudado económicamente a publicar ocho libros inéditos, que aparecerán sucesivamente.

Encarna Ayuso,
María Ángeles G. Noblejas y Antonio,
José Hermógenes Martín,
Jesús Conill y A Adela Cortina,
Benito Estrella
Florián Calvo,
Mariano Álvarez,
Pepe Medina,
Manuel Pecellín,
Benito Peral,
Jesús Morales,
Carlos Eymar,
Jesús Ramón Jiménez,
Ramón Horcajada,
José Ángel Gimeno,
Miguel Ángel Álvarez,
Asociación Asís,
Anna Duart y Pedro,
Juan Ramón Calo,
Antonio Piñas,
Fernando Bandrés
Emmanuel Buch
y Antonio Calvo

ÍNDICE

A CARLOS DÍAZ ESTE IMPOSIBLE PRÓLOGO

Víctor Sánchez de León Ibarra.

Querido maestro: la verdad es que nunca comprendí por qué me escribes, dada la enorme disimetría que encuentro entre tu sabiduría y tu experiencia vital y la mía. Sólo desde el afecto hacia quien fue tu alumno hace ya algo más de medio siglo puedo entenderlo, afecto que me resulta también inexplicable, porque tampoco fui especialmente digno de tus desvelos como maestro. El hecho de que me hayas venido dando a leer de vez en cuando tus escritos antes de publicarlos para que te hiciese observaciones y correcciones colma de veras mi asombro.

En realidad siempre he temido tus envíos, pues ¿qué podría yo corregirte, qué añadirte, qué silenciarte?, ¿y cómo podría un servidor sobrevolar sobre tu vuelo de águila para ofrecer alguna perspectiva más amplia y profunda? Mis respuestas seguramente te han decepcionado siempre. Pero has vuelto a la carga de vez en cuando y con este último libro a una edad en que ambos estamos jubilados, y volveré a defraudarte. ¿Cómo no hablar de tú fe en mí?

Siempre me ha sorprendido tu permanencia en las convicciones y en las creencias día tras día, año tras año, década tras década, como si el tiempo no hubiera pasado por ti, y como si no hubieses tenido campos bélicos donde luchar. Eres tal vez la persona que menos ha variado de mi entorno, y casi me atrevería a decir que en el de la convulsa España que hemos conocido. Lo curioso es que tu permanencia sabia me ha resultado (a mí y a no pocos otros) tanto más novedosa cuanto más reciamente sustantiva y permanente ha sido. Donde los demás sufrieron talas y hasta pérdidas de raíces, ahí estás tú. No sé si es porque los demás nos hemos depauperado, o porque tú mismo nos ha depauperado sin pretenderlo cuando hemos comparado nuestros argumentos con los tuyos, porque siempre hemos salido perdiendo. Es decir, ganando dialécticamente.

Quizá haya dos motivos para rememorar tranquilamente esta sensación que hoy me embarga de nuevo: la primera, que no eres más tonto que los demás que se creen más listos, y la segunda es que has estudiado mucho más que los demás, de la suma de los cuales dos motivos –como también era de esperar, aunque no tanto-, procede el feroz ninguneo y el injusto silencio a que has sido sometido como intelectual libre, extraterritorial, y con obra propia, según escribiste en tus *Memorias*.

Ya hemos entrado ambos en la edad de los achaques, y con frecuencia me ha venido a la mente y al corazón la pregunta de cómo ha de sentirse alguien de tu carácter, que sin embargo se quedó en "filósofo joven", a la espera, sin reconocimiento académico alguno, pero con un interesante y todavía numeroso respaldo social en los diversificados frentes en que te has movido: iglesia católica, movimiento obrero, anarquismo, fenomenología, psicología, magisterio, escritura, etc. No sabría decir aún quién te ha abierto tantos caminos, si la vida a ti, o tú a la vida, o si ambos al mismo tiempo, que será seguramente lo más probable.

Me inclino a pensar que ha sido el dolor en el que has padecido tus noches el mismo con el que has pasado del estudio del hombre al sufrimiento por el hombre y con el hombre, de la filosofía a la psicología y siempre desde la teología. El sufrimiento y el amor, has escrito, se besan. Por eso entre tus tres doctorados hay uno que es la madre de todas las batallas, un doctorado *doloris causa:* la razón cálida, el "me dueles luego eres importante para mí". Donde hay amor verdadero hay dolor verdadero, y donde hay dolor verdadero hay amor verdadero, has escrito. Esto es lo que sobre todo me ha quedado de tu magisterio. Contigo siempre hemos estado en otra época, no en la época de los otros.

Me alegra haber sido un discípulo fiel al menos en cuanto a la lectura y a la escritura, aunque yo me haya quedado tan sólo en un afilador de palabritas. No solamente la de tus propios libros, sino la de los libros en general, de toda naturaleza y condición, especialmente la humana, y ese tesoro lo guardo en mi corazón de forma indeleble. Te lo agradezco muchísimo, maestro. Sin embargo, no he aprendido a escribir según me hubiera gustado, me cuesta mucho. Hay que resignarse, cada cual tiene sus dones.

Y, aunque sabes que me da vergüenza firmar con mi nombre estas palabras, que no son de halago, sino de reconocimiento, déjame que a los lectores y lectoras que todavía te queden, y que espero sigan siendo muchos a pesar del cambio de época, les diga con gran orgullo que contigo he aprendido algo importante: que da más fuerza sentirse amado que creerse fuerte, que sólo se posee lo que se regala, y tantas cosas de ahí derivadas. Y por eso mi verdadero nombre desde hace más de cincuenta años es este: *soy amado luego existo.*

Cuando se despide el Cid de sus familiares, les dirige estas palabras que yo te repito, maestro, para todas las eras pasadas, presentes, y futuras, con el juro de Santa Gadea de Burgos: "assís parten unos d'otros/ como la uña de la carne".

Víctor Sánchez de León Ibarra.
Catedrático de Derecho Penal. Universidad de Loja.
Ecuador

DE OTRO MODO DE SER MAESTRO
Carlos Díaz

Contestación a la laudatio de mi prologuista

Querido Víctor:

Nunca me sentí tan unido a Felipe II como en el texto que sigue, y mis lectores sabrán perfectamente sin necesidad de pensarlo mucho por qué motivo: "en abril de 1578 garabatea Felipe II a su secretario: 'agora me dan otro pliego vuestro. No tengo tiempo ni cabeza para verlo, y así no lo abro hasta mañana y son dadas las diez y no he cenado y quédame la mesa llena de papeles para mañana, pues ya no puedo más agora'. Así toda la vida, pues muchos años después, en Aranjuez, vuelve a anotar: 'son las diez y estoy hecho pedaços y muerto de hambre y es día de ayuno, y así quedará esto para mañana, que agora no es posible'. La realidad se había convertido en informes que se amontonaban sin parar sobre su mesa de despacho. Y allí el universo entero esperaba a ser leído"[1].

Al leer este texto me he quedado atónito, y las primeras palabras a las que mis labios empujan no han podido menos de ser estas: perdón, perdón, perdón. Perdón por la inundación con que someto a mis lectores e incluso a mis no lectores. No tengo derecho a

[1].- Marina, J-A: *Crónicas de la ultramodernidad*. Editorial Anagrama, Barcelona, 2000, p. 28.

molestarles con mi grafomanía. ¿Podrán disculparme? Déjenme desahogarme: cada vez que les envío algún texto me temo que experimenten la misma sensación que yo cuando me llaman por teléfono para venderme intempestivamente cualquier cosa, incluso cuando, al igual que el monarca, todavía no haya cenado.

Junto a la com/pasión que en mí suscita Felipe II me rebela y avergüenza un poco la mala fama que viene corriendo desde hace siglos de boca en boca como si todo hubieran sido facilidades para él: "se las ponen como a Felipe II". Me duele tanto esa mala fama que se le atribuye, que casi estoy a punto de hacerme monárquico por un mínimo de dignidad.

En todo caso, detractor, yo seguiré sin patria y de patitas en la calle, para ti la perra gorda. Nada pasa; no diría yo en voz demasiado alta que lo escrito para Felipe II con su gola, sus puñetas y su gota, dista mucho de ser lo mismo que lo escrito por el doctor (que no docto) Carlos Díaz, a saber, demasiada infobasura. Al final, aquello que no se debe escribir se escribirá. Y otra vez perdón.

Las edades de la humanidad

1. El cosmos cambia permanente, ¿se encuentra en expansión permanente, se achica y degenera hasta su muerte térmica, la entropía de todas entropías? Cuanto más conocemos más desconocemos pero también más deseamos conocer, como lo expresó Kant: "hay dos cosas que me llenan de admiración tanto más cuanto más las contemplo: el cielo estrellado encima de mí y la ley moral dentro de mí". Quien mira hacia arriba sin mirar hacia abajo cae en la zanja, como Pitágoras, pese a su gran sabiduría; quien mira hacia abajo sin mirar hacia arriba, pierde el norte. Pasan los ciclos cósmicos, las glaciaciones, caen meteoritos que la desvían de su quicio, rugen las entrañas telúricas, pero la madre Tierra continúa, *stat mater*. ¿Continuará siempre? Nadie sabe cuánto durará el universo, ni cuáles serán sus metamorfosis. También quienes abortan al nascituro causan el fin del mundo del que hubiera debido nacer.

Una generación sigue a otra; para los pesimistas no hay nada "bueno" bajo el sol, tan sólo el "aciago Demiurgo" (Ciorán); para los optimistas todo está orientado hacia un fin bueno y vivimos en el mejor de los mundos posibles (Leibniz). En el siglo V, viendo san Agustín desde su casa la entrada de los "bárbaros" en Roma exclamó despavorido: *mundus senescit*, el mundo se acaba, pues identificaba el mundo con su propio mundo; el pusilánime histórico se ahoga en un vaso de agua. Otros, por el contrario, son amigos del "cuanto peor mejor", pues su fe en el progreso les lleva a minusvalorar el pasado y a preferir el futuro, incluso si éste deja mucho que desear.

Pero en cada microhistoria particular tenemos momentos dorados, rosas, grises, negros; la historia es lineal, no se repite, nadie vuelve a ser el mismo que fue. La vida es *en-hacia*, siendo cambiamos y cambiando somos. El hombre, idéntico y diferenciado respecto de todo lo otro (*indistintus in se, distintus a quolibet alio,* Tomás de Aquino), es a la vez él mismo, *sí mismo* (*ipse*), pero no lo mismo (*idem).* Cada huella es *irrepetible* y al propio tiempo común. Por nuestras huellas se nos conocerá.

2. El ser humano es historia, plasticidad, no naturaleza fosilizada. Primero se entendió a sí mismo como un constructo del Dios que lo creó libremente por amor bajo el signo dúplice de la obediencia al bien (Dios mismo) o al mal (el hombre contra Dios). La primera enemistad surgió por la ruptura de la amistad entre el Dios bueno y el hombre como criatura rebelde, luciferina, con la posterior expulsión del jardín del Edén.

Pasados los siglos, durante el Renacimiento la humanidad adámica se arrepintió y quiso rehabilitarse cultivando armoniosamente sus tres dimensiones: la tutela que le venía de lo alto, la ciencia que le venía de lo profundo de sí mismo, y la historia para la construcción del bien común. Más tarde volvió a rebelarse contra Dios, al que tildó de malo. Bueno y malo existían, pero la parte buena corría a cargo del hombre excluyendo a su Creador, y quiso construir el cielo en la tierra autodivinizándose, como titanes al asalto. La fe depositada en la bondad del hombre permitió a Lenin afirmar que en el nuevo paraíso se construirían mingitorios de oro para el proletariado, y que libertad, igualdad y fraternidad se impondrían, porque la naturaleza humana podría ser rehabilitada y liberada de sus vicios. Creyendo que se haría más bueno cuanto más revolucionario, los estajanovistas trabajaban día y noche por la revolución, su dios. Si en el primer relato bíblico *Adán* se revela con *Eva* contra Dios, en el comunismo, *Adam* (la humanidad) vive sin Dios, como si Dios no existiese, *etsi Deus non daretur*.

En el principio había un protagonista, Dios, y un deuteragonista, el hombre, que luego se convierte en antagonista cuando para hacer el paraíso en la tierra lo convierte en un infierno. ¿Quién cree hoy en los sindicatos obreros, en los líderes de los partidos políticos socialistas o comunistas?, ¿quién se traga el carácter científico del marxismo, quién cree en las utopías libertarias?

3. La teología puso a su servicio a la filosofía, y hoy la ciencia a la filosofía. Lo científico/técnico ha devenido inconfutable dogma de fe,

el constructor de la silla eléctrica parece tener competencia deóntica para dictar la pena de muerte, la ciencia es el máximo criterio epistemológico, todo lo científico es legal, moral y teológico, aunque la ciencia sea nociva cuando la utiliza un desequilibrado. Pero proposiciones científicas dañinas para la humanidad deberían ser desoídas y desobedecidas. El *homo* tecno/sabio/malo, *sapiens malusque,* ignora que la ciencia no funciona sin criterios de humanidad, pero en esas condiciones el progreso no sólo pone en riesgo a los pobres, sino también a los ricos. A mayor poder de la ciencia, más impotencia humana. Como dijera C.S. Lewis, "preferiría jugar a las cartas con un hombre escéptico acerca de la ética, pero educado para creer que un caballero no hace trampas, que con un filósofo moral intachable que ha crecido entre estafadores". La mayoría de las teorías éticas que se enseñan en las Academias son conniventes con los poderes económicos fácticos, a los que sirven con todo impudor. La *ética de la empresa,* con sus 'códigos éticos', está forrada con la piel de sus trabajadores[2], frente a lo cual hay que *pasar de la justicia al justo.* Por el olvido de lo personal la corrupción domina al mundo: *no habrá revolución comunitaria sin la personal simultánea.* Ninguna escala de valores es valiosa sin personas valiosas. Los hombres no son malvados cuando ni siquiera son hombres; los hombres ni siquiera son hombres cuando pierden la noción de "bueno" y "malo". Cada nuevo poder ganado por el hombre es también nuevo poder ganado sobre el hombre cuando el hombre no es justo.

---

[2].- *La abolición del hombre.* Ediciones Encuentro, Madrid, 2007.

4. ¿El hombre de silicio, futuro para la humanidad? Insatisfecho con un cerebro equipado sólo por neuronas, lento, con poca memoria; con extremidades de carne y hueso, débil; con sentidos como la vista o el oído limitados, el hombre ha llamado a la puerta de una nueva era en la que su cuerpo biológico estará equipado con partes cibernéticas: chips, cámaras, antenas... En *la era transhumana* la especie no será meramente biológica, sino bio/tecnológica. Esos seres del futuro podrán sentir el color con nuevos sentidos y nuevos órganos y con mentes potenciadas con chips, se diseñarán así mismos con diversas extremidades robóticas dotadas de una fuerza superior, y serán capaces de ver en todas las frecuencias de la luz y de comunicarse telepáticamente. Serán superhumanos, cíborgs de carne y silicio. Tras 4.000 millones de años de evolución la vida estuvo dominada por las leyes de la selección natural, desde el virus hasta el dinosaurio; sin embargo, la fusión de las máquinas con los humanos reemplazará la se-lección natural por el diseño inteligente. Para el 2050 los teléfonos móviles no los llevaremos en el bolsillo, sino injertados en nuestro cuerpo a través de sensores biométricos que monitoricen el corazón, la presión sanguínea y la actividad cerebral; podrán tomar acciones preventivas antes incluso de que sepamos que algo va mal, e interpretar nuestros impulsos y deseos antes de que nosotros mismos seamos conscientes de ello; sabremos inmediatamente si al ver a la otra persona la encuentras atractiva sexualmente detectando cambios en el ritmo cardiaco y la presión arterial, pues la inteligencia artificial se conectará a la de esa otra persona para saber si la atracción es mutua y si cabría organizar una cita.

Para el 2100, si esto sigue, humanos y máquinas se habrán fusionado por completo y los humanos ya no podrán sobrevivir solos, desconectados de la red, sino en la unión del cerebro de dos o más personas, a modo de pulpo de pulpos. Se acabó el sueño, no seremos ya jamás homo sapiens.

Por si fuera poco, cada vez más individuos se implantan chips y cables, experimentando en sus propios cuerpos con tecnologías *low cost*, tosca y peligrosamente fabricadas o jaqueadas por ellos mismos. Para ser superhombres supermujeres, querrán implantarse trozos de silicio abriéndose la cabeza. El seducido jugando a ser Dios creará monstruos como Frankenstein, trayendo de regreso a seres extintos como en la serie *Parque jurásico,* y creando seres superiores como en *Blade Runner* (1982), cazador de androides o replicantes humanoides casi perfectos que libran una batalla interna permanente entre la capacidad de destrucción, el instinto de supervivencia, y los sentimientos renovados de humanidad. En 1951 la película *Ultimátum a la Tierra* planteaba la posibilidad de que los extraterrestres enviaran con intención pacifista un último mensaje a la Tierra para que no amenazara más el equilibrio del universo; su intención no era conquistar la Tierra, sino protegerla de su mayor amenaza, el *sapiens sapiens.*

La última generación de máquinas inteligentes tomará una gama de decisiones cada vez mayor y brindará afecto y compañía como el tamaguchi, la mascota virtual japonesa, que generó problemas entre algunos niños que se encariñaban con ella tanto o más que con una mascota real. Con atroz simplismo extirpamos el órgano y exigimos la función, formamos hombres sin corazón y esperamos de ellos virtud y arrojo, nos burlamos del honor y después nos sorprende descubrir traidores entre nosotros, castramos, y esperamos fertilidad. Es la rebelión de las ramas contra el árbol. Dentro de algunos siglos los humanos que se marcharon a colonizar otros planetas más allá de Orión, al regresar de vacaciones se sorprenderán al recordar que sus antecesores terrestres eran totalmente biológicos.

5. La máquina se sale de control, quién sabe si las superiores esclavizarán electrónicamente a las inferiores. ¿Qué hará la máquina más poderosa con las máquinas subordinadas y consigo misma?, ¿generará una red de familias poderosas frente a otras que traten de arrebatarles el poder? En la película *Fahrenheit 451*, dirigida por François Truffaut en 1966 y basada en el libro homónimo de Ray Bradbury, los bomberos queman libros para evitar que los hombres piensen y sufran.

El proyecto del *ciberg/ántropo* apunta hacia una inmortalidad entendida como permanente recambio de los chips estropeados. Semejante "inmortalidad" no sería personal, en el supuesto de que los recambios de los recambios fueran a su vez recambiables, es decir, que la naturaleza no tuviera límites. ¿Podríamos llamar inmortalidad humana a ese *homme-machine*?

Primero fue la teofagia, luego la antropofagia, ahora la cosmofagia: ¿qué nos falta por devorar, sino a nosotros mismos, como autistas de último grado?

Primero la teofagia, luego la antropofagia, ahora la cosmofagia

No pierdo de vista en la bonanza las siete trompetas y el pedrisco y el mar que se convierte en sangre, y la caída de las estrellas, y las langostas que surgen con el humo del pozo del abismo, y los ejércitos de Gog y Magog, y la Bestia que surge del mar, es decir, los depósitos nucleares incontrolados e incontrolables, y las lluvias ácidas, y los bosques del Amazonas que desaparecen, y las migraciones de hordas de desheredados que acuden a llamar, a veces con violencia, a las puertas del bienestar, y el hambre de continentes enteros, y nuevas e incurables pestilencias y la destrucción interesada del suelo, y el desastre ecológico global, y la ingeniería genética que construirá nuevos replicantes, y el entero suicidio de la humanidad global resultante de su actitud ante la naturaleza[3]. *Primero fue la teofagia, luego la antropofagia, ahora la cosmofagia*. La mayor parte de nosotros se horrorizaría si tuviera que degollar a un cerdo, pero el jamón nos lo comemos tan ricamente.

Voy perdiendo confianza en el futuro de la humanidad y del progreso, pero no en cada persona concreta, por la que trabajo, aun-

---

[3].- Umberto Eco-Carlo María Martini: *¿En qué creen los que no creen?* Ediciones Temas de Hoy, Madrid, 1996, pp. 16-17.

que no vea los frutos, con el optimismo trágico de Mounier en su
Pequeño miedo del siglo XX. Mi gran miedo del siglo XXI es *el hombre
mismo,* el "comamos y bebamos que mañana moriremos", pues eso
ya es estar muerto.

El 27 de julio de 1656 Spinoza, filósofo holandés de origen
sefardí, fue expulsado de la comunidad judía y desterrado de Ámster-
dam, por la Corte Rabínica de la ciudad debido a su alejamiento de
la ortodoxia judaica. El texto de la Sinagoga reza: "los dirigentes de
la comunidad ponen en su conocimiento que desde hace mucho
tenían noticia de las equivocadas opiniones y errónea conducta de
Baruj Spinoza y por diversos medios y advertencias han tratado de
apartarlo del mal camino. Como no obtuvieran ningún resultado y
como al contrario las horribles herejías que practicaba y enseñaba, lo
mismo que su inaudita conducta fueran en aumento, resolvieron de
acuerdo con el rabino, en presencia de testigos fehacientes y del
nombrado Spinoza, que éste fuera excomulgado y expulsado del
pueblo de Israel, según el siguiente decreto de excomunión: Por decisión de los ángeles y el juicio de los santos, excomulgamos, expul-
samos, execramos y maldecimos a Baruj Spinoza, con la aprobación
del Santo Dios y toda esta Santa comunidad, ante los Santos Libros
de la Ley con sus 613 prescripciones, con la excomunión con que
Josué excomulgó a Jericó, con la maldición con que Eliseo maldijo
a sus hijos y todas las execraciones escritas en la Ley. Maldito de día
y maldito sea de noche; maldito sea cuando se acuesta y maldito

cuando se levanta; maldito sea cuando sale y maldito sea cuando regresa. Que el Señor no le perdone. Que la cólera y el enojo del Señor se desaten contra este hombre y arrojen sobre él todas las maldiciones escritas en el Libro de la Ley. El Señor borrará su nombre bajo los cielos y lo expulsará de todas las tribus de Israel abandonándolo al Maligno con todas las maldiciones del cielo escritas en el Libro de la Ley. Pero vosotros, que sois fieles al Señor vuestro Dios, vivid en paz. Ordenamos que nadie mantenga con él comunicación oral o escrita, que nadie le preste ningún favor, que nadie permanezca con él bajo el mismo techo o a menos de cuatro yardas, que nadie lea nada escrito o transcripto por él". ¿Por qué siguen siendo estos los textos rectores de nuestra inhumanidad?

Cuanto más perros los pobres, más éticos los perros

Según los animalistas, vivimos demasiado centrados en la singularidad humana, es decir, en el especismo de la especie, es decir de nuevo, en el antropocentrismo, que molesta la sensibilidad de los mascoteros. Para Aristóteles sólo el hombre era *zoon politikón*, animal político, pero ahora le ha salido un competidor, el perro y adláteres, pues sus señorías políticas se comportan claramente como perros rabiosos con los de la perrera opuesta. Todos en la misma jaula, fraternidad universal al fin.

Sus señorías españolas promulgaron en 2022 una ley reconociendo a perros, gatos y a otras mascotas como miembros oficiales de la familia, así como de la obligación de hacer un cursillo de formación por parte de sus propietarios y la obligatoriedad de un seguro de responsabilidad civil para con sus mascotas. En 2023 un juzgado de Ponferrada admitió que una persona que iba a asistir a un juicio como víctima de la violencia de su vecino fuera acompañada por su perro *Oreo* para darle soporte emocional, ¿qué mejor testigo que su moralidad olfativa? Los tribunales de Madrid, para no ser menos, obligaron a indemnizar a una mujer porque su expareja le impidió todo contacto con el husky siberiano que habían criado juntos tiempo atrás: lo que la pareja ha unido, que no lo separe el husky siberiano.

No sólo estamos familiarizados con nuestros animales, somos sus verdaderos familiares. Aquel filósofo al que no veía hacía tiempo me preguntó a bocajarro: "¿todavía estás casado?" "–Sí. Desde hace 52 años". "-¿Pero con la misma? ¡Qué barbaridad, a los que llevan más de siete años casados habría que penalizarles por carencia de imaginación!. Y, como sarcasmo con sarcasmo se paga, me vi obligado a preguntarle: "-¿Tampoco tienes hijos?" Y entonces señaló a dos caniches que portaba en sendos brazos: "-Estos son mis hijos". –"Qué lindos son, contesté, ¿y como está su perra mamá?". En muchos hogares los amorosamente humanizados por sus dueños son considerados miembros de pleno derecho -familia *interespecie*-, alimentados como marqueses, durmientes en la cama de de dosel de su dueña o dueño, y alguno hasta disfrutando de los placeres de un spa, como los olímpicos del Pritaneo. Antes estaban presentes en los paseos, ahora también en fiestas y celebraciones, en el metro, en hoteles, terrazas, restaurantes y oratorios. A veces, incluso, son enterrados en la tumba de quienes los amaron "para incluir a los seres vivos que tienen la característica moralmente significativa de ser creados y poseídos para formar fuertes lazos emocionales con sus dueños".

España ha pasado de los cuarenta y nueve millones de habitantes gracias a los extranjeros, pero si contásemos con los nuevos ciudadanos, es decir, con perros, gatos, mascotas y demás familia, tendríamos más españoles que chinos. Fantástica conversión a la ciudadanía, ya lo dijo aquel Schopenhauer: si no existieran los perros él no querría vivir. Para pasión humana, la perruna. No importa que él fuera un misógino radical.

En la mente simétrica de los animalistas ya es hora de animalizar los horarios humanos. Si existen animales nocturnos, ¿por qué no adaptarse a sus horarios, como los campesinos que se despiertan a la del alba para dar de comer a sus animales? Al menos a Sócrates no se le podrá reprochar nada al efecto, pues se calaba el jubón por la noche como el búho de Minerva para estudiar el comportamiento de los humanos. Con un poco de buena voluntad, cada trabajador debería acomodarse a los horarios ajenos, aunque fuera difícil, pues una hora duerme el gallo, dos el caballo, tres el santo, cuatro el que no lo es tanto, cinco el capuchino, seis el agustino, siete el caminante, ocho el estudiante, nueve el pollino, diez el gorrino, once el muchacho, doce el borracho, y el perro y el gato duermen cada rato. Normalmente atribuimos intenciones hostiles a las conductas animales que nos parecen problemáticas, pero no comprendemos la frustración de un animal molestado por el macho humano, ¿no es eso una injusticia en toda regla merecedora para el animal humano de tarjeta roja?

Si los animales pueden actuar a partir de emociones morales,

¿por qué negarles dimensión moral?, ¿y por qué no atribuir a las emociones dignidad ética, e incluso teológica, ya que el animal es "animal divino", según el título del libro de mi amigo Gustavo Bueno? Nuevo paradigma, pues: la moralidad compartida con otros mamíferos sociales relacionadas en forma de justicia, empatía, confianza y compasión, ya que viven conforme a un código de lealtad y compañerismo que concede prioridad absoluta a su vínculo con sus compañeros humanos *Abolition Man*.

Un nuevo Linneo nos está esperando si reconsideramos que nuestra madre más moderna fue una mona. Sobra, pues, el "dominad a los peces del mar, los pájaros del cielo y todo animal que se mueve sobre las tierras" del libro del Génesis. Más aún, malhaya quien pretenda comerse a ningún ser vivo, nada de lubina al horno, ni de churrasco de ternera, y ni siquiera de la apetecible ensalada de canónigos. Las piedras serán el único manjar humanitario convirtiendo los dientes en tenazas, ruina de los odontólogos. Y, por supuesto, nada de esa antropofagia del rico gordo devorando al animal flaco temporero, no hay mal que por bien no venga, se acabó el capitalismo voraz, lo que no pudieron lograr el movimiento obrero ni los profetas escatológicos.

¿Por qué, pues, cuesta tanto la relación yo-tú franciscana con ellos, si los animales son personas morales y las personas también somos animales? Si, por la equipolencia moral, dejamos de ver ya las personas como animales depravados, ¿por qué no pensar posible al animal humano como el más cariñoso y protector de cuantos pueblan la Tierra?, ¿por qué no café para todos? Además, la solución a este dilema nos fue dada hace siglos por Jean Jacques Rousseau con su teoría del *buen salvaje,* que nunca hubiera debido evolucionar hacia el *homo sapiens,* maldita Ilustración…

Mal está lo que con neolenguaje se ha denominado recientemente *antroponegación,* bala léxica con retroceso por la culata para caracterizar el rechazo a priori de rasgos humanos en otros animales, o de rasgos animales en los humanos, pues tal vocablo designa precisamente lo contrario de lo que pretende, a saber, la negación del hombre, y no al hombre negador. Lo cual no quita que haya que aprender de los perros por cuanto nos regalan una encantadora y cálida compañía. Los perros interpretan los gestos, las acciones y las emociones humanas, entablando una relación de comprensión. Y además nos sirven contra la peste de la soledad. Más vale un perro sodalicio y compañero que un mal amigo humano. Pelillos a la mar: cuando hagamos del pulpo un animal de compañía, y sobre todo a una boa constrictora, ¡qué dulce y decoroso será morir asfixiado por ellos, pobrecitos animales inocentes! Hay que aprender a ser tolerantes, como los animales…

Otorgar mancomunidad al lobo y al hombre por ser sociables, ir en grupo, ser inteligentes y organizados, más o menos monógamos, en el sentido de que macho y hembra se reproducen y se esfuerzan mano a mano en cuidar a su manada según subrayan los animalistas, eso será un futuro auténticamente lírico-bailable. En fin que, en virtud del parentesco *homo homini lupus,* nada más lógico que atribuir al hombre su condición de lobo, y al lobo la de hombre. Aquí paz y después gloria.

La crisis de las humanidades, o la humanidad en crisis

A mediados del pasado siglo, cuando comencé mis estudios, ser de ciencias (científico) se oponía a ser de letras (humanista); ambos se jactaban de su recíproca ignorancia del campo ajeno. A los catorce años se nos obligaba a optar por lo uno o por lo otro, algo que verdaderamente he deplorado toda la vida. Pero ser de letras, adscribirse a la *humanitas*, consiste o debería consistir en tratar de participar de la condición de *homo,* de considerar todo lo humano como propio y todo lo propio como humano. No se puede ser de letras si no se es de ciencias, ni de ciencias sin ser de letras, y por ende a la vez interesado en el *trivium* y en el *quadrivium*, aunque nadie pueda aspirar a alcanzar la sabiduría en todos los ámbitos de su vida con la misma intensidad.

Los humanistas del Renacimiento (*geisteswissenschaftlich*) como Erasmo sentían gran admiración por la antigüedad clásica, por el latín y por el griego, y por la cultura entera, intelectual, moral, estética. Poco a poco, en la Venecia de mediados del XVI, un grupo de escritores con formación humanista consiguió, tras no pocos esfuerzos y contra corriente, ganarse dignamente la vida con la pluma escribiendo sobre temas tan variados que por eso recibieron el nombre de *poligrafi,* algo que muy pocos han logrado desde entonces, y menos yo. *Los científicos (naturwissenschaftlich)* tildaban a los humanistas de anacrónicos, abstractos, llenos de vaguedades, repetitivos, incapaces de tomar el pulso de la experiencia profunda de las cosas: las humanidades serían inhumanas, así que, pian pianito, en el año 2000 había en USA seis profesores de letras clásicas para cada alumno de esta área, pues ¿cómo justificar la inversión del erario público en las excesivas plazas ocupadas por los profesores de letras, pagadas con el dinero de los contribuyentes? En el inconsciente colectivo las humanidades pasan a ser instituciones inútiles dedicadas a formar personas inútiles. Las universidades de ciencias, incluso las públicas, son hoy grandes consorcios empresariales que miden sus logros por la cantidad de dinero producido anualmente. Convertidas en centros de capacitación profesional, los gobiernos las consideran política y económicamente prioritarias para el bien común, entendido este último como una forma de productividad rentable al servicio del sistema capitalista. La educación superior ya no es vista como un ideal antropológico, sino como una etapa de formación para encontrar trabajo bien remunerado: el dinero que se invierte debe ser recuperado en un competido mercado. A nadie extrañará que el aprendizaje del latín y del griego hayan desaparecido, ¿para qué diantres sirven los humanistas, y qué utilidad pueden ofrecer?

En el siglo XXI a las universidades se les exige *calidad*, medida a través de *indicadores cuantitativos* de acuerdo con criterios no académicos, de ahí que se hayan vuelto corporaciones regidas por *criterios administrativos*, ya que el trabajo de los profesores se equipara con la *productividad* exigida a un empleado de cualquier empresa. En la jerarquía establecida los buenos profesores son premiados y reconocidos con recursos económicos, y los "malos" por el contrario publican esporádicamente. De todos modos, de ello no debería desprenderse por mi parte al menos ninguna apología de la improductividad, lo cual no es sinónimo de sapiencia. La mujer del César no sólo tiene que ser honesta, también debe parecerlo. Además, desde la perspectiva de quienes evalúan a los especialistas en humanidades, *la investigación que éstos realizan debe equipararse a la que llevan a cabo los científicos*, intelectuales de primera clase y mejor retribuidos que los de letras, por eso carentes de autoestima y de reconocimiento social.

Lo que queda de aquello suele ser, con excelentes excepciones, un humanismo desmayado impartido en las carreritas de "humanidades" elegantes para gente fina que estudia arte para terminar colgando el título rimbombante en las paredes de su casa, o para hacer escalas con piano de cola en los salones. Se trata, en el mejor de los casos, de "ciencias de la simple información" sin capacidad ni poder formador ni transformador, sin contenidos existenciales, sabiduría inútil, erudita, superficial, desmayada, de calderilla, de la que podría volver a decirse con Marx que "si hasta ahora la filosofía solo ha servido para conocer, de ahora en adelante ha de servir también para transformar la realidad". Humanidades burguesas: decidme de qué presumís, y os diré de lo que carecéis.

Pero la cultura humanista verdadera quiere tener hijos con la realidad, no sólo publicar libros en papel cuché y proporcionar diplomas y organizar graduaciones con birretes y togas en las interminables ceremonias de graduación con el *gaudeamus igitur*, que los titulados no saben traducir. La cultura humanista ha de ser personal y comunitaria en orden a la realización del lema todavía completamente inédito libertad/igualdad/solidaridad, los únicos rudimentos de la condición humana, las semillas de todo proceso humanitario. *Humanidades incapaces de pasar del humanismo al humanitarismo* no son humanidades; sin humanitarismo, tampoco humanismo. El humanitarismo enseña a promover el bienestar y el *bienser*, no lo primero sin lo segundo, ni lo segundo sin lo primero. Si el perfil intelectual del humanitarista es el de la persona profunda, su perfil psico/afectivo es la empatía, la honestidad, el respeto, la solidaridad, la curiosidad y el pensamiento crítico; para la sabiduría humanitarista todos los humanos merecen respeto, antítesis del "nosotros más, vosotros menos, ellos nada". El humanitarismo no sustituye las personas por las cosas y reza: todo lo bueno que quieran ustedes que se haga con ustedes, háganlo también ustedes con ellos. Este precepto se puede encontrar en todas las grandes religiones, pero también es la *regla de oro* de ética que afortunadamente pueden abrazar igualmente los positivistas filantrópicos en el nombre de la mera razón.

El humanitarismo no es una *carrera*, una competición de galgos con la lengua fuera tras la caza de un ornamento fácil, ni un mero *dis/curso* de perros viejos que ladran sentados en espera de mecenas, sino un curso en cuyo transcurso se hace posible la dignificación y la mejora de la humanidad, con todo lo que eso lleva implícito de amor y de sufrimiento, de estudio y de sentido. Ese humanitarismo es el verdadero humanismo, y no el expedido mercantilmente, un humanismo cuyos diplomados, licenciados y doctores están decididos a abrir escuelas y a cerrar cárceles con escuelas que no sean cárceles. E incluso, en el caso heroico, a ir a la cárcel para que se cierren las cárceles, sin más. En la crisis de las humanidades, humanidad en crisis deviene corriente.

El queso de la filosofía lo han ido devorando poco a poco diversas especies de ratones, los biólogos, médicos, fisicoquímicos, psicólogos, genetistas. Cualquiera parece tener competencia profesional y deóntica sobre felicidad, libertad, amor, corporalidad, sentido de la vida, bueno y malo, más allá, justicia, alma, o antropología. Todo eso ha pasado a ser para los "científicos" mera "metafísica", es decir, regaños de viejo desdentado descatalogados y recluidos en el arcón del desván. Los filósofos nos hemos reciclado trabajando en gasolineras, son muchas las artes y los oficios que han corrido la misma suerte, aunque otros oficios se han mantenido, como los de los verdugos.

Se dice: "la vida no debería doler tanto a tantos". Sin embargo, por el mismo motivo también podríamos preguntarnos: ¿por qué no deberíamos sufrir más?, ¿a quién o a qué agradecer el sufrir menos pudiendo sufrir más?, si la vida es tan mala ¿por qué tanto aferrarse a ella soportando a veces horribles sufrimientos, antes que preferir la muerte? Aunque responder a tales preguntas nos llevaría muy lejos, sería muy necesario pensarlas. Honras fúnebres y mentiras póstumas. Fuck.

¿Por qué nos quieren culturalmente ciegos y nos encanta?

Defender la asertividad se ha vuelto de derechas, dogmático, por eso *anything goes*: cualquier cosa vale, según la posverdad o verdad mentirosa. Cuando hoy decimos de algo que es *complicado,* en lugar de *difícil,* es que no tiene solución, irresoluble, un oxímoron como hierro de madera. En cierto modo lo complicado ha sustituido a lo *complejo,* pues lo complejo exige más esfuerzo por desentrañar su sentido. Por eso lo "complicado" es ideal para los más perezosos, ¡qué complicado, *puff*!

Suelen atraernos más nuestras propias certezas inciertas que las verdades objetivas, negamos la verdad objetiva para salvar la parte chamuscada de nuestra subjetividad incierta o falsa. Solemos amar lo inverosímil más que lo verdadero, siempre y cuando lo inverosímil sea nuestro: la herida narcisista.

Tanto las certidumbres como las *incertidumbres* nos esclavizan frente a la verdad que debiera liberar. Cuando es incierto lo que libera tenemos una liberación incierta. Entonces no hay verdades verdaderas, sino intercambios de cromos, o gritos para taparle la boca al otro, o para pegar etiquetas confortables.

En las certezas subjetivas puede haber incertidumbre o falsedad, pero en la verdad no pude haber falsedad. ¿Fue Hitler *de verdad* un monstruo? Respuesta del fóbico a la verdad objetiva: "sí, con toda *certeza*, pero eso no lo puedo decir con veracidad objetiva; me basta con saber en mi fuero interno (certeza) que Hitler fue un monstruo en su comportamiento". Pero la certeza no es objetiva ni universal, aunque sea lo más verdadero del mundo para quien la tiene. Quien está particularmente seguro de que Hitler fue un monstruo, pero no necesita argumentarlo, se sitúa entre los subjetivistas en la medida en que prefiere la propia opinión antes que a la razón universal. De estos escrúpulos no suele estar demasiado lejos la llama ardiente del irracionalismo.

No hay que juzgar a los monstruos, se dice, sino ser *tiernos* de corazón, pero ¿no será esa ternura el silencio de los corderos? ¿Para no juzgar la persona del monstruo Hitler habría que tolerar sus monstruosidades, por si acaso el monstruo fuera yo también? Justificado mi propio monstruo no queda justificado el monstruo ajeno. Cuando una sociedad monstruosa presume de *tolerante* el miedo guarda la viña de los monstruos. Los guardianes del orden monstruoso se auto/defienden al defenderlo, Leviatán es el rey de esa legión.

Los relativismos de las mayorías son absolutismos de difícil conjugación comunitaria. La *correctness* de todos suele ser la incorrección de cada uno. La seguridad de todos puede cimentarse sobre la inseguridad de cada uno, pues nada une más que los miedos. De este modo la seguridad y firmeza de cada uno puede convertirse en carencia de firmeza o enfermedad (*in/firmitas*) de todos. De esto fueron y siguen siendo maestros los *escépticos*, para los cuales sólo hay verdades que "cuelan" (sintácticas) y verdades "que sirven" (pragmáticas), aunque carezcan del mínimo valor de verdad que correspondería a la verdad misma. Entonces las verdades pasan a ser negociables, un negocio que consiste en dar la razón a la sinrazón del otro siempre que lo pague bien es un buen negocio, con su "ética de mínimos". Sin embargo, hasta el budismo tiene su riguroso sistema y su código de verdad frente a falsedad. Un budismo inasertivo ni siquiera existe, pese a ciertos budistas.

Gigantesco poder de la sofística es el *trilema de Gorgias*: nada es; si es, no puede decirse; si se dice, no puede ser demostrado. Tú tienes lo que no has perdido, tú no has perdido los cuernos, luego tú tienes cuernos. Cuando Gorgias da valor de verdad a la mentira está mintiendo al decir la verdad y está diciendo la verdad al mentir: te digo la verdad, te estoy mintiendo; te estoy mintiendo, te digo la verdad. Los sofistas no pasan de ser cretinos de alto nivel, nos han construido la gran ceguera, y nosotros la pagamos a precio de oro. Con hábitos tales es posible hacer creer que los buenos son los rusos y los malos los americanos, o a la inversa. Resultado: que llevo dos meses solicitando una rehabilitación médica que aún no me han concedido, ni sé si van a conceder.

¿Será esto verdad, o las mentiras son para el verano? Todo está bien, pero todo está mal. La gente feliz y festiva está ahogada en deudas y en lágrimas, y su normalidad no les da para llegar a fin de mes. Esa es su falsa verdad. Disculpen, si les he fastidiado el día.

El talante contemplativo del budismo se contiene aquí: un discípulo entregó a Siddharta Gautama una flor y pidió le explicara el misterio de su doctrina. El maestro tomó la flor, la contempló en silencio durante un largo rato, y, sin mediar palabra, con un gesto indicó al discípulo que se retirase. El discípulo aprendió y trató de vivir la lección, a saber, que el misterio no se alcanza con palabras ni razonamientos, sino sólo mediante la contemplación. Ella produce la imperturbabilidad. De esta anécdota se deriva el zen. Se cuenta también que un ejército rebelde irrumpió en una ciudad coreana y todos los monjes del templo budista zen huyeron, excepto el abad. El envanecido general quedó atónito al ver que el abad no se arrodillaba ante él: "¿no sabes -rugió- que estás viendo a un hombre que puede traspasarte con su espada sin un parpadeo? -¡Y tú, replicó el abad, estás viendo a un hombre que puede ser traspasado por una espada sin un parpadeo! El general desconcertado, se inclinó reverencialmente y se marchó.

Tanto Confucio como Sócrates, coetáneos, defendieron un confucianismo o socratismo moral, según el cual, una vez bien aprendida la bondad, no cabe hacer el mal: "el maestro dijo: si nuestras palabras son sinceras y conformes con la recta razón, cuantos nos escuchen modificarán su conducta y entrarán por el camino de la virtud. Si nuestra conversación resulta agradable y persuasiva, induciremos a todos a buscar la verdad. Es imposible que tras una conversación persuasiva no busquemos la verdad. No creo que pueda existir nadie que, tras haber escuchado unas palabras sinceras y conforme a la recta razón, deje de convertirse hacia la virtud". Cuando el discípulo dijo a Yan-Kieu "tu doctrina me complace, maestro, pero no me siento con fuerzas para practicarla", el maestro contestó: los débiles emprenden el camino, pero se detienen a la mitad; tú, ni siquiera tienes voluntad para iniciar el camino; no es que no puedas, sino que no quieres".

Cultura devastada

Ni puedo ni quiero ocultar la tristeza que me producen estos mitemas de hoy:

Animalismo hedonista: "he pensado mucho en la felicidad ideal y creo haber hecho descubrimientos notables sobre ella. Consiste, cuando hace calor, en dormir junto a la charca. Un olor delicioso sale del estiércol que fermenta; las briznas de paja lustradas brillan al sol. Los pavos entornan el ojo amorosamente, y dejan caer sobre el pico su penacho de carne roja. Los pollos ahuecan la paja y hunden su ancho vientre para aspirar el calor que sube. La charca centellea, bullente de insectos que hormiguean y hacen subir burbujas a la superficie. La áspera blancura de los muros hace parecer más profundas las hondonadas azuladas donde los mosquitos zumban. El que come es feliz; el que digiere es más feliz; el que dormita mientras digiere es aún más feliz. Lo demás es vanidad e impaciencia de espíritu. El mortal afortunado es aquel que, abrigadamente enrollado como una bola y con el vientre lleno, siente su estómago y su piel ensanchándose. Un cosquilleo exquisito penetra y remueve suavemente sus fibras. El exterior y el interior disfrutan por todos sus nervios. Ciertamente, si el mundo es un gran Dios bienaventurado, como dicen nuestros sabios, la tierra debe ser un vientre inmenso ocupado por toda la eternidad en digerir las criaturas y calentar su redonda piel al sol"[4].

Masaje y autoestima: ¡ hoy ha sido un buen día, no he tenido clase! Mucha aula, apenas escuela. Objetivos del Ayuntamiento de Vizar (Granada) financiados por el Ministerio de Educación: "aprender a habitar el propio cuerpo y experimentar la serenidad de ahí derivada. Aprender a valorar el cuerpo como vehículo hacia la salud, el bienestar y el auto-amor. El cuerpo en la Educación. Despertar de los sentidos. Análisis corporal de lo Femenino y lo Masculino. Estoy empezando a hacer que mi cuerpo sea mi mejor amigo. La sabiduría está en el cuerpo: 1. Encuentro con Eros (cuerpo, masaje y placer). 2. Jugando en el jardín del Edén (fantasía para adultos). 3. Masaje creativo terapéutico. 4. La danza del éxtasis (un encuentro con nuestros cinco ritmos vitales). 5. Música de raíces (danzas, cantos y ritmos populares). 6. La vida como juego (programación neurolingüística aplicada al desarrollo personal). 7. Danza árabe oriental (danza del Vientre, o Belly Dance). 8. Bailes de salón. 9. Creación dramática en primaria y secundaria (cómo desarrollar la expresión a través de la dramatización y el teatro). 10. Cabaret (recursos a través del movimiento, el canto y la actuación). 11. Érase una vez (estrategias para un narrador de cuentos)". Dieta y báscula, todo sea por la santa causa y por la espiritualidad de las gratificantes vibraciones del yo, su místico sentimiento de plenitud, su amortiguamiento de la inquietud. *I'm O. K. Are you O.K?*

La pasarela: vestir/desvestir, identificarse con el espíritu de Paco Rabanne (a quien Coco Chanel definiera como metalúrgico) en el modelo de mujer aprisionada en escamas metálicas. Falditas sexy y sadomaso con indumentarias tipo reales hembras angelicales, con cazadoras andróginas. Moda Robocop, o moda Sheriff para doncellas del Oeste con botas de boyero a medio muslo y excitantes monos con lacitos que dejan el trasero casi al aire, o modelos de mujer fraile con cilicios penitenciales, o de enfermera terminal completamente preparada con tubitos de sala de reanimación. La escuela, prolongación de la pasarela por otros medios. Estos son mis principios y, si no está de acuerdo con ellos, no se preocupe, tengo otros; la ética reducida a estética, la estética reducida a cosmética, la cosmética reducida a patética. Hay verdades de verano, verdades de otoño, ofertas políticas de primavera, ofertas políticas de invierno, pasen y vean.

Zazén: siéntate inmóvil sin pronunciar ninguna palabra sobre un *zafú*, entras en el espíritu vacío de todo pensamiento. Debes abandonar toda intención, renunciar a alcanzar cualquier meta. Concéntrate; al cabo de algunos meses podrás practicar el *gyodo* (la Vía, el fruto del *zen*), la plenitud de un verdadero líder. Para los

menos forofos bastará con senderismo y bicicleta de montaña,
porque quien mueve las piernas mueve el corazón. Bravo, cómo
interactúas contigo mismo, con tu fina sensibilidad, con las artes
marciales dominarás el mundo, noble rival, guerrero generoso.
Bushido, la *Vía del samurai*, fusión del budismo y del sintoísmo, que se
resume en siete puntos: *Gi*, la decisión justa en la ecuanimidad, la
verdad. *Yu*, la bravura teñida de heroísmo. *Jin*, el amor universal, la
benevolencia hacia la humanidad. *Rei*, el comportamiento justo.
Makoto, la sinceridad total. *Melyo*, el honor. *Chugi*, la devoción y
lealtad. Taisen Deshimaru lo relata: "he visto en Kyoto a dos
maestros de *kendo*, de alrededor de ochenta años, que se enfrentaban
en torneo; durante cinco minutos se pusieron uno frente al otro,
sable en mano, punta contra punta, sin moverse, absolutamente sin
moverse. Al cabo de cinco minutos el árbitro declaró combate nulo,
Kiki Wate. Cuando alguien se mueve muestra sus puntos débiles. Los
jóvenes se hubieran batido vigorosamente en ataques más o menos
desordenados; los hombres de edad madura hubieran hecho entrar
en juego toda la experiencia de su técnica; pero los dos viejos
maestros de artes marciales entablaron un combate de espíritu, con
los ojos. Si uno de los dos se hubiera movido, su conciencia se habría
movido también, se habría debilitado y perdido, ya que el otro
reaccionaría rápidamente". Basta con que no te muevas de la plaza
que has ocupado a dedo como interino, y ya eres funcionario.

Narcisismo: Narciso no encuentra maestro alguno que pueda

ponerse a su altura, de ahí que halle muy aburrida la enseñanza ajena, pues aburrido es para él quien habla de sí mismo cuando él quiere hablar de sí mismo. Narciso sucumbe ante su espejo: No Es Mi Culpa. A juego el césped con su camisa, él y sus reivindicaciones, sus espacios verdes. El yupi siente un afán neurótico por obtener fama y fortuna, nada vale en comparación con el afán de ser admirado y amado por todos. Su lema: vende al pobre y te harás rico.

Televisionitis: Tras muchos años viendo juntos la tele, él le dice a ella: "-¿por qué no hacemos está noche algo excitante? -bueno, pues intercambiemos nuestros asientos". Su hijo quería ser televisor para que se fijaran en él. Varadero del ocaso, con ese diminutivo al que se conoce como "la tele" se llega cuando ya no se sabe calafatear en ninguna otra parte. La tele *dixit,* palabra de honor. Borregos al tren, próxima estación Matadero.

Consumismo conspicuo: con excepción del instinto de conservación, la propensión a la emulación probablemente constituya la motivación económica más fuerte, alerta y persistente. Es tan poderosa, que nos induce a ir por la vida de estampida. Vende la tele, luego es bueno; su público traga sus *reality shows,* toma glúteos por razones, y organiza debates en torno a cuestiones tan apasionantes como "¿le importaría a usted tener un hijo homosexual o una hija lesbiana?". La televisión sólo resulta rentable a partir de los cinco millones de audiencia, y para eso hay que repartir mucha basura. La

cisterna ya no está en el baño, sino en el rincón de la tele. Le das al
zapping y te cae una catarata de muertos, violencia, imbéciles,
marginales con pretensiones, y alegre caca de colores: en muchos
países no tiran la basura, la reciclan en programas de televisión.
Luego todo eso lo barre un chorro de agua sucia que trae más de lo
mismo, o sea otra cadena. A ver qué actriz alcohólica encuentran esta
semana. El casero llevaba demasiado tiempo sin cobrar y pensó que
el inquilino se había fugado. La policía tuvo que echar la puerta abajo,
y dentro del panteón se encontró el televisor en marcha sacando
humo y al intelectual mirando el cacharro con una sonrisa cenicienta.
Mientras levantaban al difunto, alguien desenchufó el televisor, pero
las imágenes siguieron en la pantalla. Un guardia zarandeó el aparato
y el locutor continuaba hablando sin parar. Le dio un golpe. Todo en
vano. El artefacto parecía tener vida propia. De pronto el forense se
enfadó y comenzó a pegarle mazazos con el pie de una lámpara; lo
deshizo en pedazos sobre la alfombra, y allí, en cada trozo de cristal,
salía un fragmento de programa. Todos se pusieron a pisotearlo
como se apaga un conato de incendio. En ese momento, cuando el
televisor enmudeció de una vez, el cadáver se desintegró súbitamente
en la butaca.

Ministros y ministras venden su país, diputados venden su
conciencia, electores venden sus votos, generales venden sus ejércitos
al enemigo, jueces venales venden absoluciones y condenas.
Hombres influyentes venden empleos, categorías y privilegios.

Abogados, procuradores, jueces, venden a sus clientes. Hay maridos que venden a sus mujeres y hay madres que venden a sus hijas. En esta moderna Babilonia la mitad del mundo vende a la otra mitad, y la otra mitad compra.

El efecto Pigmalión: mucho de lo poco y poco de lo mucho

No pocos morirían hoy de risa si su maestro intentara edu-
carles según los postulados clásicos: *a)* Que Dios (Divino Maestro)
es la Ley Eterna, cuya presencia se refleja en la naturaleza (Ley
Natural), y ésta a su vez en las Leyes Positivas políticas, de tal modo
que cuando éstas se apartan de la ley de Dios son ilegítimas. *b)* Que
el maestro es un reflejo del divino Maestro, y que enseña para lo
eterno. *c)* Que todo ello convierte al maestro en la autoridad moral
docente. *d)* Que el alumno no puede tomarse a sí mismo como modelo. Pero el profesor mal valorado se siente fracasado y victimado:
a menos estimación propia menos rendimiento, es el efecto
Pigmalión[5]. Cuando su labor no es bien valorada, adopta actitudes
evasivas y apáticas; culpa a los demás, a las circunstancias, renuncia
a asumir responsabilidades, e inconscientemente proyecta sobre el
alumno tal victimismo en forma de desinterés por sus sentimientos.
El maestro necesita autoestima para ejercer su profesión satisfacto-
riamente; al estado de equilibrio de su personalidad contribuyen
agentes externos como la capacidad de la sociedad, las administra-
ciones públicas y las dinámicas de los centros; también operan

---

[5].- Rosenthal, R & Jacobson, R-A: *Pygmalion in the clasroom.* Rinehart Winston, New
York, 1988, p. 110.

algunos agentes pertenecientes a la propia biografía como productores de inseguridad, por ejemplo el modelo educativo y familiar en que el profesor ha crecido. Muchos de los educadores enseñados ayer en modelos cerrados hacían más hincapié en lo que se hacía mal que en lo que se hacía bien. La desconfianza en sí mismo se proyecta en desconfianza en los alumnos.

La inseguridad podría provenir de un deseo de poder asociado a la necesidad de tener todo absolutamente bien controlado. Si se prevé que algo escapa a ese control, se tenderá a inhibirlo. Mediante la evasión de los problemas actúan en la interacción educativa unos mecanismos de supervivencia según los cuales el maestro tenderá a solucionar las dificultades o las nuevas situaciones con el menor grado de incomodidad posible adoptando actitudes impositivas que permitan paliar los sentimientos de frustración de forma contundente e inmediata. En suma, cuanto menos valore la sociedad a los maestros, tanto peor cumplirán con su ministerio.

Actividad tan crucial demanda mucha sinceridad; haríamos bien en preguntarnos: ¿enseño porque no tengo otra alternativa?, ¿sólo para sostener a mi familia?, ¿para que mi país y el mundo progresen?, ¿porque es mi vocación?, ¿porque es la actividad mejor?, ¿porque me gusta trabajar en lo que sea?, ¿porque no sé hacer otra cosa?, ¿colaboro en los cambios educativos?, ¿valoro con orgullo mi profesión?, ¿predomina en mí la información sobre los valores, o su vivencia?, ¿vivo mis valores y lucho por transmitirlos?, ¿incluyo mis valores en mi trabajo docente elaborando objetivos axiológicos bien fundados?, ¿qué valores presento a mis alumnos?, ¿son congruentes mis métodos didácticos con los valores que propugno?, ¿propicio o aprovecho situaciones para vivir los valores con mis alumnos?, ¿me preocupo de que mis alumnos también los hagan suyos y los incluyan en sus vidas?, ¿cuento con indicadores objetivos para saber si están asimilando los valores propuestos por mí?, ¿tengo en cuenta en el informe a las familias únicamente las habilidades académicas?, ¿cuáles son las actitudes predominantes en el magisterio nacional e internacional?, ¿podría escribir una lista (en orden decreciente) de las diez actitudes subjetiva y objetivamente más importantes del maestro?[6].

---

[6].- Ahí va el ego: Díaz, C: *Soy amado, luego existo*. Volumen II. *Yo valgo, nosotros valemos*. Volumen III. *Tú enseñas, yo aprendo*. Editorial Desclée de Brouwer, Bilbao, 1999; Díaz, C: *Diez palabras clave para educar en valores*. Editorial Mounier, Madrid, 1998 (55 edición); Díaz, C: *Diez virtudes para vivir con humanidad*. Ed. Mounier, Madrid, 2000 (46 edición). Díaz, C: *A pie de escuela*, BAC, Madrid, 199; Díaz, C: *Educar para una democracia moral*. Castilla Ediciones, Valladolid, 1997; Díaz, C: *Sociedad, cultura y religión* (tres volúmenes) Editorial Santillana, Madrid, 1999; Díaz, C: *Pedagogía de la ética social. Para una formación de valores*. Editorial Trillas, México, 2004; Díaz, C: *Educar en valores. Guía para padres y maestros*. Ed. Trillas, México, 2000; Díaz, C: *Educación en valores*. Ed. Trillas, México, 1999; Díaz, C: *Diez virtudes* (diez volúmenes). Ed. Trillas, México, 2000-2002; *Valores I*. Ed. Trillas, México, 2001; *Guía didáctica* (16 edición); *Valores II*. Ed. Trillas, México, 2001. *Guía didáctica* (15 edición); *Valores III*. Ed. Trillas, México, 2001 (11 edición); *Valores IV*. Ed. Trillas, México, 2001. *Guía didáctica* (15 edición); Díaz, C: *Educar para la responsabilidad ética*. UNPF, México, 1997; Díaz, C: *He visto la luna en mi escuela*. SEP. Durango, México, 1997; Díaz, C: *Valor y virtud del maestro*. SEP Durango, 1988; Díaz, C: *Memoria y deseo*.

El discípulo hace al maestro por agradecimiento. Cuando llega el maestro, el alumno crece. Las palabras se las lleva el viento, sus obras maestro quedan; por eso se aprende más con él en una hora que conversando con los demás durante un año. El maestro es fuente, no desagüe. No cambia desde arriba el mundo, sino que nos ayuda a que nos cambiemos a nosotros mismos y con nosotros al mundo. Son los ojos del maestro los que nos hacen ver; si no hubiera mirada del maestro que nos mira, no sabríamos nosotros mirar. Él nos enseña a descubrir, es decir, a ver lo que todos han visto para pensar lo que nadie ha pensado y hacer lo que todos deberíamos de hacer. La madurez del maestro consiste en ayudarnos a encontrar la seriedad que teníamos cuando jugábamos de niños; sólo a quien ya ha dejado de ser como niño la vergüenza de confesar el primer error le hace cometer muchos otros. Maestro es quien nos enseña que, cuando no se puede tener todo lo que se quiere, es hora de querer lo que se tiene. Él es el testigo de nuestra identidad: no hay como volver junto a un maestro para darse cuenta de lo mucho que nos hemos desviado. Aunque mintamos al maestro y él parezca creerlo, no le engañamos, porque él sabe que le engañamos. Y por eso se mata al verdadero maestro que nos recuerda nuestra infidelidad a lo que es

Oficio de enseñar y pasión por el hombre. Editorial Sal Terrae, Santander, 1983; Díaz, C: *Tiempo para jóvenes maestros de jóvenes.* Editorial PPC, Madrid, 1983; Díaz, C: *Profesores verdaderos y profesores falsos.* Editorial San Pío X, Madrid, 1983; Díaz, C: *Educar en la utopía.* Editorial CCS, Madrid, 1989; Díaz, C: *El valor de ser maestro.* Editorial ACC, Madrid, 1990; *Maestros somos todos, incluso los que no lo son.* Editorial Narcea, Madrid, 2022; Díaz, C: *Manifiesto para un humanismo relacional en educación.* Ediciones Ygriega, Madrid, 2022.

eterno, pues el odio es la cólera de los débiles. Cuando en el mundo aparece un maestro, los malvados se conjuran contra él, ya que no pueden soportar sin resentimiento tanta lección viva a su lado. Pero el maestro nos enseña algo: que vengándose uno se iguala a su enemigo, pero perdonando deviene superior a él, y siempre es mejor amar que tener razón.

Pese a cuantos méritos pudieran reconocerse al maestro, sólo por agradecimiento del discípulo queda elevado aquél a la condición de tal. Nadie merece el título de maestro, esa honra sólo puede otorgarla el discípulo agradecido; es él quien hace nacer al maestro un acto otorgado de gratitud, soberanía del discípulo. Pero nadie puede reivindicar ni exigir; no pretenderlo sería la única condición para merecerlo. Y, si el discente al que hemos aupado no nos da crédito como maestros, quien se lo pierde es él, el desagradecido desagraciado desgraciado, pues pocas cosas habrá en el mundo menos capaces de producir felicidad que la de ser incapaz de agradecer. Mas, si el maestro se reconoce en el discípulo, y éste en aquél, dos manos han arrancado al silencio los arpegios más nobles.

Por ese gesto el ayer maestro pasará mañana a discípulo de su antiguo discípulo. Correlativamente, el mayor honor del discípulo está en continuar llamando maestro a quien lo fuera ayer; aquí el viejo orden del rango de la eminencia académica ha dejado paso al de la preeminencia que brota de la elegancia, exquisita gracia espiritual.

Ahora los ojos del maestro ven por los del discípulo que vio por los del maestro. Sólo el escéptico será incapaz de creer en milagros y de hacerlos, pues la escuela está para hacer esos milagros. Por lo demás, como dijera Péguy, al hombre le resulta casi cómodo creer o amar, pero le resulta mucho más difícil no caer en la desesperación.

Mucha escolástica, poca escuela. Muchos profesores, apenas maestros. Mucha información, apenas formación. Mucha noticia, poca cognición. Mucho paroleo, poca crítica. Mucha palabra, poco concepto. Mucha metodología, poca axiología. Muchas cabezas llenas, pocas bien hechas. Mucho de lo irrelevante y poco de relieve. Mucho poco y poco mucho. La escuela es para algunos alumnos peor que una cárcel, pues en una cárcel no se fuerza a los presos a que lean libros escritos por los vigilantes y por el director: "tuve que interrumpir mi formación para ir a la escuela", dijo. La escuela parece tan poco compatible con la enseñanza como el desierto con los druidas, de ahí que no haya que otorgar demasiados premios al mejor druida; si se quieren druidas lo mejor será comenzar a plantar bosques. Los jíbaros han dejado tan pequeñas las cabezas, que cabrían en el ombligo de una mosca, y aún quedaría espacio: "he hecho un curso de lectura veloz y he leído *Guerra y Paz* en veinte minutos, habla de Rusia; también he disfrutado mucho en esa otra obra de teatro, especialmente en el descanso". No abundaré más en el analfabetismo práctico de muchos docentes, algo que no puede evitarse dada la naturaleza, sabido es que donde no hay mata no hay patata.

La mayoría de los alumnos son iguales o peores que sus docentes. Calculando por lo bajo que en cuarenta años de docencia habré tenido unos ocho mil alumnos, pongamos más bien diez mil, sin contar los muchos más miles en cursos y ciclos, distingo dos tipos de alumnos: los que solamente asisten, y los que insisten sembrando el campo arándolo mucho. Por lo general urge la cosecha, no la siembra, sin atender a que buena parte de uno mismo es abrojo y pedregal y que es propio de mentes estrechas embestir contra aquello que no les cabe en la cabeza: de cada diez cabezas, una piensa y nueve embisten. Hay consagrados de por vida a la defensa de una sola verdad, hay otros atados a un solo error que apagan la luz del otro a fin de que brille su propia barbarie: ¡Esto quiero y así lo mando, valga por razón mi voluntad! El tonto tiene gran ventaja sobre la persona de espíritu: está siempre contento de sí mismo, quiere ser estimado más que instruido, proclama en voz alta la libertad de pensamiento ¡y muera quien no piense como yo! Quien no quiere razonar es un fanático, quien no quiere saber es un necio, quien no se atreve a saber es un esclavo.

No hay librería que pueda abrir una mente cerrada; leer con ideas preconcebidas no es leer; la obsesión con una sola fuente de información es patológica, ningún patrón eidético fijo puede aplicarse a todos. Existe en cada lector un yo dominante y un yo destructivo; lo que puede ayudar en una etapa puede estorbar en otra, cosas opuestas exteriormente pueden estar trabajando juntas interiormente.

Dicho lo cual, lo más incomprensible es que sea comprensible. La ciencia es un magnifico mobiliario para el piso superior de un hombre, siempre y cuando su sentido común esté en la planta baja. Afortunadamente quedan maestros lúcidos: "pese al riesgo de ser tildado de reaccionario, creo que la escuela no ha de tener como única finalidad la de estar al servicio del niño. La educación no ha de regirse sólo por las necesidades del presente sino también por las del futuro y por el pasado representado en la herencia espiritual"[7].

---

[7].- Schmid, J-R: *El maestro-compañero y la pedagogía libertaria.* Editorial Fontanella, Barcelona, 1973, pp. 227-228.

Glosar por glosar para no pensar

Los escritores barrocos españoles usaban la glosa para hacer aún más difícil lo ya de por sí difícilmente inteligible, o sea, para oscurecer lo poco claro, costumbre mantenida entre médicos, abogados, filósofos y otras aves de tal pluma como Eugenio d'Ors, que leía sus artículos a la cocinera preguntándole luego: ¿se entiende?, respondiendo impertérrito si la respuesta era afirmativa: pues oscurezcámoslo un poco. Bajo el mismo esperpento, el Siglo de Oro de la literatura española puso de moda larguísimos comentarios para glosar un simple pareado, convirtiendo así la glosa en texto principal. A cierta gente no le hace falta glosario explicativo alguno, como al personaje de Unamuno, un tabaquero trucador de palabras, el cual, refiriéndose al reloj de San Nicolás en el Arenal, dijo: "desde que le han puesto atmósfera nueva…", y al interrumpirle el otro con un "¡Juanito, no se dice atmósfera, sino esfera!", replicó: "bueno, bueno, p'ablar con vosotros hay que andar con el calendario en el bolsillo". Tampoco lo necesitó el rumano Tristan Tzara, padre del *dadaísmo* que, en su *Receta para hacer un poema dadaísta*, aconseja: "tome un diario y unas tijeras. Corte un trozo de artículo que tenga la extensión prevista para su poema. Recorte cada una de sus palabras e introdúzcalas en una bolsa. Remuévalas suavemente. Extraiga después cada una de las palabras al azar. Cópielas concienzudamente. El poema se le aparecerá. He aquí un escritor infinitamente original". He aquí a un rústico convertido en currutaco.

Y si del discurso escrito pasamos a la oratoria, tampoco los grecorromanos necesitaban glosarios, dado el primor con que mimaban cada una de sus palabras y de sus expresiones gestuales. En efecto, allí se había establecido la forma en que el orador debía presentarse en la tribuna, mirar y frotarse las manos y la frente, hacer crujir los dedos, adelantar el pie izquierdo separando los brazos un poco del tronco, acalorarse en el decurso de la declamación con calculada negligencia, mostrar cierta inseguridad en los pasajes en donde más seguro estaba de su memoria y echar hacia atrás la toga con premeditado desorden como muestra de su apasionamiento. Cicerón cuidaba hasta de un mínimo pliegue de su toga, de las arrugas de su frente, de las posiciones de sus brazos, piernas y dedos, puliendo sus discursos frase por frase.

Pero sin olvidar que palestra es la vida. Unamuno: "la misión que me he propuesto no es la de exponer ideas, sino la de predicar al hombre, el hombre concreto y real. El hombre de carne, de esperanza y de dolor, el hombre que sueña, el hombre tejido en contradicciones. Y para predicar eso echo mano de los más cercanos". Ojalá los humildes sigan abriendo caminos a la palabra con el lema del futurista Marinetti: *marciare, non marcire,* avanzar, no pudrirse. Y gracias a los *peregrinantibus mecum.* Y, diciendo esto, no digo más, porque sería menos de lo que ya he dicho. Perdonen mis repeticiones, pero los propagandistas de una idea somos tercos y tenaces, y a veces cansamos. Vamos naciendo por etapas, hasta acabar de nacer; la vejez no es sino la última oportunidad de dar el toque final a la estatua que hemos ido tallando. Con este *incipit,* y esperando su *excipit,* concluyo con el poeta chileno Vicente Huidobro: tengo algo de luna/ y de viajante de comercio/ y la especialidad de encontrar las horas/ que han perdido su reloj.

Parafrasear, glosar, explicar, adaptar el lenguaje es diluir y desvanecer el sentido de la obra, ofreciendo un trasunto desvirtuado y una caricatura torpe. Las obras de pensamiento necesitan a veces la cacofonía, repetición de palabras, disonancia o cualquier otro desaliño formal, antes que inexactitud en cuanto al significado, pues importa más la idea expuesta con aguda precisión, aunque para ello haya de padecer el estilo. Tampoco existe motivo alguno para que el traductor se sienta obligado a cambiar la cansada andadura de lo traducido prestándole animación o introduciendo en ella adornos retóricos al verterla a otro idioma. Desarticular un párrafo, por complicado que sea, en honor a la claridad, sería por parte del traductor una oficiosidad imprudente, ya que también al público a quien iba destinada la redacción original ese párrafo le resultará tal vez largo en demasía, cargado de incisos, penoso y complicado en su lectura. Y cabe también hasta suponer que el autor haya impuesto a sus lectores ese gravamen de esfuerzo en consideración a la índole intrínseca del pensamiento comunicado, en cuyo caso se trataría de un sutil recurso estilístico destinado a establecer una disciplina de concentración mental al servicio de las ideas expresadas, haciendo difícil el acceso a ellas para impedir que la atención se deslice por la superficie. En el caso de la traducción literaria ese criterio tendrá que ser conjugado con el de la versión libre, de manera tal que se alcance el equilibrio requerido por la índole particular de cada obra. Se comprenderá que, por fuerza, habrán de perderse en la versión muchos de los elementos de la composición original, sin que habilidad o ingenio humano puedan conservarlos todos en un haz. La intuición del traductor lo llevará, a lo sumo, a elegir con acierto los que han de sustituir y los que han de ser sacrificados en caso de colisión, y a encontrar los que mejor puedan sustituir a estos últimos.

Los nuevos Fuck: ¿mienten los niños, parvulitos pedocéntricos ?

"Los niños dicen muchas mentiras, pero no mienten", se dice para exonerar a la infancia de sus responsabilidades. El anacrónico "el hombre nace bueno, pero la sociedad le corrompe" nunca acertó a explicar cuándo, a qué edad, por qué motivo, dejamos de ser inocentes parvulitos para convertirnos en adultos engañosos. ¿Cuándo se produjo la licantrópica mutación del cordero en lobo, el *Strange Case of Dr Jekyll and Mr Hyde,* como en la novela del británico Robert Luis Stevenson de 1886? El *Dr Jekyll* inventa una poción que le convierte en Edward Hyde, un criminal capaz de cualquier atrocidad, ¿será ese trastorno de personalidad, esa disociación de identidad la que ocurre en algún momento del desarrollo del niño?

Tampoco queda claro qué es lo que hace mentir a los adultos, y quién les indujo-a-inducirlo en los niños. Porque si los adultos son mentirosos compulsivos y por ello se ven obligados a enseñar a mentir a los niños, ello podría deberse a:

a) Que del no haber tenido el niño la necesaria capacidad para evolucionar psicológicamente surge el adulto mal bicho. *b)* Que niños y adultos mientan en la medida del desarrollo de sus capacidades; las mentiras, tanto de los imberbes como de los barbudos, resultarían del pecado *original* de todos, estigmatizados antes de abrir la boca para mentir. *c)* Que –y yo me adhiero a esta posición con el maestro Jean Piaget- los pequeños fabrican mentiras a tenor de su desarrollo cognitivo/afectivo. En unos casos serían fabulaciones, *mentiras imaginarias*, cuyo egocentrismo les hace creerse el centro del sistema planetario, que gira en torno a ellos; en otros, porque su imaginación produce *verdades desiderativas*: el infante pillado *in fraganti* con la miel sobre su ropa llega a creer que no ha chupeteado del bote abierto por él para evitar el castigo; en otros, porque su psicología evolutiva le hace elaborar *mentiras cuantitativas,* y así romper cuatro huevos sin mala intención le parece más punible que romper uno con malignidad.

No todos los padres son doctores en psicología y sus correcciones pueden llegar a ser crueles debido a sus propios miedos proyectivos: "como sigas así, vas a terminar siendo un delincuente", "si sigues así, Dios te va a condenar", "va a venir el hombre del saco y te llevará". Niños y adultos construimos mentiras y contramentiras, cada uno según el nivel de su desarrollo evolutivo. Gozamos de cierta libertad para mentir, para desmentir mintiendo más, o para mentir mintiendo menos. La libertad, para ser creíble, ha de ser concreta, y no abstracta; altruismo abstracto sin obras es altruismo muerto. Quien miente dice *sí* a lo que es *no*, o *no* a lo que es *sí*, o *ni sí ni no,* pero sabe que es sí o no, como viejo hipócrita.

Y es aquí donde nunca fallaría la tesis de Kant, según la cual el mentiroso, lejos de servir de modelo universal para toda la humanidad, debería esconderse bajo la faz de la tierra; nunca, por nada del mundo, estaría justificado mentir, ni siquiera *aus menschen Liebe*, por amor a la humanidad en la persona de cada cual. La mentira es homicida desde el principio. Pues, aunque muchos estamos de acuerdo con ello, no lo llevamos a cabo por miedo insuperable, de ahí que mintamos para salvar la vida propia o ajena, o simplemente para querer ser queridos al precio que sea, conculcando así nuestro deseo de decir la verdad, o cargando con la vergüenza de la inidentidad que conlleva la mentira, incluso hasta llegar a destruirnos mentalmente.

La senda de la verdad invita a hacerse como niños adultos; esa sería la salud mental como horizonte. De lo contrario, como decía el cómico, "cuando era niño, Dios y yo éramos íntimos amigos. Después, poco a poco, le dio por dejar de existir".

El narcisismo comienza en la escuela *paido* o *pedo*/céntrica. Una cierta hostilidad a cuanto significa trabajo disciplinado, rigor analítico o esfuerzo conceptual está en cuarto creciente en la escuela, cada vez más parecida a la Casa de la Pradera, con su maderita, su lanita, su cría de conejos, su bocata ecológico, el senderismo y la bici, la escuela granja, la jardinería, el serrucho, los tirantes, sin *nylon* por favor, sin plásticos. Para puro, el abono que estercola. *Play.* Jugad, malditos, jugad. Con tu son y con mi son ¡que fantástica emoción! ¿Con qué te diviertes más? El cesto de los tesoros y el juego heurístico. Juguemos también al juego de las transversales, lo que hace falta es mucha experiencia lúdica. ¡Saca tu cerebro a pasear, no a criticar! El payaso y su universo, técnicas para hacer el payaso, el títere y sus posibilidades de aplicación pedagógica, el teatro de títeres.

Clay. Hagamos cestitas, bordados, arcillitas, plastilinas, troceado, maceración, trituración. Talleres y más talleres, talleres de papel reciclado, talleres de sonidos, talleres de olores (olfato/talleres), pestes plásticas del perfume, todo el mundo al dulce bricolaje, los tirantes, el abuelito bueno.

Way. ¡Psicomotrícense, chicos y chicas, quien mueve las piernas mueve el corazón! Relajación: estática, carga y descarga de energía, relajación dinámica: técnicas orientales de movimiento, masaje/mensaje, expresión corporal, técnicas de desarrollo mental, su poquito de control de esfínteres. Y si es menester, mientras caminamos, también una crítica a las bases ideológicas del patriarcado, a saber, al canalla Aristóteles que supuestamente incentivó la misoginia científica.

Quiero, dame, cómprame, aprenden los niños de tres palabras. Generación del *zapping,* sin paciencia, sin orden, reducidos al narcisismo, cuya base educativa principal la constituye el mito de que el crecedero no debe ser perturbado directivamente en su desarrollo psicológico. ¿Que el niño quiere romper un cristal? Pues ya lo pagará su padre, y si no el Estado, o sea, los contribuyentes. En esta pedagogía centrada en el cliente se enseña para no deformar el alma del alumno sin darle ni un solo consejo, el niño sabio se educa a sí mismo: "el maestro está siempre impulsado involuntariamente a escoger el procedimiento de enseñanza más cómodo. Cuanto más cómodo es este procedimiento para el maestro, más incómodo resulta para los discípulos. El espíritu de la escuela se encuentra siempre en razón inversa de la intervención del maestro en la órbita del pensamiento, en razón directa del número de alumnos, y en razón inversa de la duración de las lecciones"[8]. ¡Ay, mi dulce Tolstoy!

"Como somos partidarios sinceros de la libertad individual y en su nombre aborrecemos el principio de autoridad; como aborrecemos y condenamos, con toda la profundidad de nuestro amor por la libertad la autoridad paterna lo mismo que la del maestro de escuela; como las encontramos desmoralizadoras y funestas; como la experiencia diaria nos demuestra que el padre de familia y el maestro de escuela se equivocan sobre las capacidades de sus hijos mucho más aún que los propios niños; como, según la ley tan humana pero fatal de la cual abusará todo aquel que domine, los maestros de escuela y los padres de familia, al determinar arbitrariamente el porvenir de los hijos, tienen mucho más en cuenta sus

---

[8].- Tolstoi, L: *La escuela de Yasnaïa Poliana*. Editorial Júcar, Gijón, 1977, pp. 48 y 77.

propios gustos que las inclinaciones naturales de los niños; como finalmente las faltas cometidas por el despotismo son siempre más funestas y menos remediables que las cometidas por la libertad, sostenemos contra todos los tutores oficiales, oficiosos, paternales y pedantes del mundo la libertad de los niños a elegir y determinar su propia carrera"[9]. ¡Ay, tierno Bakunin!

¿No se habrá preguntado ningún educador, arquista o anarquista, si el alumno no va a exigirnos cuentas a los educadores por dejación de nuestras responsabilidades como auxiliares de su crecimiento? "Temo a menudo al pensar en la época en que se produzca un despertar en nuestros alumnos y nos reprochen: ¿por qué no me has proporcionado, en el momento oportuno, algo que me pueda servir realmente para la vida? Estos alumnos que ahora hacen lo que quieren ¿podrán más tarde cuando tengan que ganarse la vida, realizar verdaderamente los trabajos a que les obligue el deber? Pese al riesgo de ser tildado de reaccionario, creo que la escuela no ha de tener como única finalidad la de estar al servicio del niño. La sociedad que ha creado la escuela y se ha sacrificado por ella tiene también sus derechos sobre la misma. No para poner a la escuela al servicio de sus intereses económicos o de su provecho material, sino por el derecho legal de exigir que la escuela colabore en la tarea espiritual que incumbe a la humanidad; transmitir a la juventud los valores religiosos, estéticos, científicos y sociales que la

---

[9].- Bakunin, M: *La educación integral*. L'Égalité. Julio-Agosto, 1869.

sociedad se esfuerza en realizar siempre en su existencia; educar en el respeto de tales valores y comunicar la voluntad de participación para realizarlos. ¿Existe otra institución mejor que la escuela para realizar esta misión? Ella debe de ser un hogar para la juventud, un ambiente que facilite un desarrollo sano y normal, pero también debe de ser el lugar en el que la juventud tome contacto con una cultura que ella no ha creado pero que debe conocer y respetar y cuya evolución un día será llamada a continuar. No ha de regirse sólo por las necesidades del presente sino también por las del futuro y, en cierta medida, por el pasado representado en la herencia espiritual"[10]. Blas de Otero, poeta, maestro, "aquí tenéis mi voz, mi voz apedreando las puertas de la muerte con cantos que son duras verdades como puños".

---

[10].- Schmid, J-R: *El maestro-compañero y la pedagogía libertaria*. Editorial Fontanella, Barcelona, 1973, pp. 227-228.

Y no hicieron más porque no se les ocurrió

"Y no hicieron más porque no se les ocurrió, pues de habérseles ocurrido hubieran borrado hasta el nombre del pueblo, por lo mismo que lleva nombre de un santo"

España ayer, acusación del fiscal en la vista de la causa por insurrección anarquista en la localidad riojana de San Vicente: "lo primero que hicieron fue el intento de asalto a la Guardia civil. ¿Y de qué forma? De la forma más inicua e inhumana. No tuvieron ni la delicadeza de parlamentar como en otros lugares de la provincia, sino que se presentaron de improviso. Aquello fue una locura, que yo espero tenga la justicia como sedante. San Vicente es un pueblo loco por las propagandas perniciosas y por la inactividad de las autoridades. Y todo lo realizaron de conformidad con sus planes. Y no hicieron más porque no se les ocurrió, pues de habérseles ocurrido hubieran borrado hasta el nombre del pueblo, por lo mismo que lleva nombre de un santo".

Aquellos pobres campesinos muertos de hambre, y por ende insurrectos, se presentaron de sopetón sin la menor cortesía, no tuvieron la delicadeza de presentar sus cartas credenciales ante las autoridades antes de reivindicar mejores salarios, peonadas dignas en lugar de maltrechos derechos. Y lo deplorable para el señor fiscal era que eso ocurriera en un pueblo como *San Vicente*, frente a lo cual el letrado defensor, redarguye: "se da el caso, señores magistrados, y esto acucia los sentimientos y el cariño que por esta tierra en que nacimos tenemos la obligación de sentir, que todos los movimientos que en la Rioja se han producido han sido con la intervención de un factor sentimental eminentemente religioso. Un glorioso hombre de letras ha dicho que estos movimientos han surgido con mayor intensidad en donde mayor era el sentimiento religioso. San Vicente, San Asensio, son pueblos laboriosos que han constituido un orgullo para la Rioja, pero en los que es imposible negar que hayan vivido como infiltrado en lo más recóndito de su alma un sentimiento religioso pleno de fervor. Hubo un día, corriendo el año 1073, en que los campos ubérrimos de la Rioja, durante aquel periodo que de una manera simplista se llamó de la Reconquista fueron recorridos por un hombre que se llamó Rodrigo Díaz de Vivar. Su yerno, don Ramiro, un enamorado de nuestros campos, queriendo dejar un recuerdo imperecedero para memoria de aquellos famosos tiempos, ordenó construir en la atalaya de San Vicente de la Sonsierra el magnífico templo a Santa María de la Piscina, cuya magnificencia evocan sus torres esbeltas, sus amplios torreones y anchurosos fosos. Esta iglesia de San Vicente, mitad templo, mitad fortaleza, constituye una de esas estampas españolas que son como una enseña de nuestra Rioja y que ahora ha sido manchada con la sangre de sus propios moradores en los últimos sucesos revolucionarios de diciembre. Pero que ya veis que estos hombres supieron respetarla porque era como un legado que habían de conservar hasta la eternidad en recuerdos de sus antepasados. ¿O no está ahí la famosa procesión de los Picaos, de nombradía casi universal? Esta es la tragedia en que han vivido, luchando día tras día por la existencia, los vecinos de San Vicente, porque en él impera todavía un sentimiento del feudalismo, y la tierra mal repartida originó la epopeya que tratamos de juzgar, que es la del campesino de toda España. La del campesino que se coloca la etiqueta de tal, pero que no tiene un trozo de terreno en el campo y que, cuando más, gana un jornal mísero con el que apenas puede atender el sustento de los suyos. Si yo fuese acusador en esta causa, diría que los culpables de todo lo fueron las autoridades locales, las judiciales, y los agentes armados (el presidente llama la atención al orador diciéndole que no haga citas mal interpretables, aunque reconoce han sido hechas con la mayor mesura). Señores jueces, por el éxodo amargo de aquellas pobres familias; por aquellos pobres cuatro muertos, único daño sensible que resultó de los sucesos de San Vicente a los que, si yo tuviera la virtud taumatúrgica de resucitarlos, vendrían aquí a reclamar justicia, os digo: jueces, sed justos"[11].

---

[11].- *8 de diciembre de 1933. Insurrección anarquista en La Rioja.* Textos recopilados por Enrique Pradas Martínez. Cuadernos Riojanos, Logroño, 1983, pp 80-82. Diario *La Rioja*, 28 de enero de 1934, pp 37-38.

Dejando aparte la amalgama de caldos riojanos, la Piscina de Santa María, y su prosopopeya, un poco más y el defensor convierte la *CNT* en *Curas no temáis* y la *FAI* en *Failange*. Ahora se ha juzgado y condenado a penas ridículas a otro Rodrigo, que no Díaz de Vivar, sino Rato y Consumado, español expresidente del Banco Mundial aunque conservando su bonita voz metálica salida de la babera.

Si quieres la paz, prepara la Tercera guerra

Entre la primera y la segunda transcurrió poco tiempo, la tercera guerra mundial se agazapa tan silenciosa como un autista. Comparativamente con las anteriores, las trincheras serán más vigilantes y vigiladas que nunca contra el virus trans/fronterizo y trans/trincherizo. Que se mueran lejos. Como si la muerte misma no fuera el máximo exilio, el lugar de la máxima lejanía, con o sin la coronación vírica de espinas primero y de espumas después. Asepsia ante todo, guerras limpias, sin bayonetas caladas chorreando la sangre del enemigo emanada de sus tripas. Destripar al enemigo ya no se lleva, está feo.

Cada cual en su búnker, y cada bunker amenazado por su dron. Hay que agazaparse y exponer lo menos posible el cuerpo, pues las ráfagas asesinas del enemigo no dejan de buscar tu bulto. Lo peor es su invisibilidad. En las guerras de antes veíamos desplazarse a las huestes contrarias, siquiera fuese entre botes de humo. Se les podía localizar, ametrallar. Puedo imaginarme con mi sable de alférez de complemento arengando a mis subtenientes, sargentos, brigadas, cabos, cabos primeros y soldados obedeciendo a mi olfato bélico, no muy de fiar pues en cierta ocasión llevé a mi tropa al campo de tiro contrario, con el subsiguiente castigo. Pero ahora no sabes ni a dónde apuntar, y muchos inmóviles tabletean sobre su teléfono móvil con el leve cosquilleo de sus pulgares. Como en la tragedia de Shakespeare, "por el cosquilleo de mis pulgares, algo maligno viene hacia mí".

De vez en cuando una rápida salida al campo de batalla con la sola protección de una mascarilla de papel para comprar alimentos y dar a los perros lo que es de los perros. Cada cual en su búnker. Pero la seguridad es dudosa, pues el enemigo no da la cara. Los drones, ángeles malos, se cuelan en nuestro dormitorio apenas conciliado el primer sueño. Quien a dron mata a dron ha de morir. Pero hay también drones víricos. Los jóvenes seguirán haciendo oposiciones a viejos como si nada fuera con ellos. Para muchos, una profilaxis sanitaria. Cuantos más viejos al hoyo, tantos más empleos para los supervivientes. Menos gasto para la seguridad social, que ya no puede con tanto leño reseco. Al final la naturaleza es sabia, y la crisis catarsis. Hasta el enterrador palidece porque el contagio inmisericorde penetra sus defensas, los guantes, las escafandras, y perfora los pulmones. No me imagino a los sepultureros jugando con las calaveras. El muerto, campo de minas.

Muerto el perro se acabó la rabia, así que no hagamos preguntas engorrosas. Comamos y bebamos, que mañana moriremos. ¿Valdrá al menos esta tragedia para algo a alguien que no se contente con no ser sino nada? Bueno, por lo menos tenemos a nuestras mascotas para sacarlas en carrito de bebé para pasear. Tal como van las cosas, cada vez parece más lógico sentir la muerte del perro por culpa de un dron asesino, que el destripamiento de su paseador a bayonetazo limpio.

Smash and grab

Tengo por imposible el magisterio sin filosofía: "en nuestro tiempo, aún filosóficamente estéril en amplios círculos, se pregunta con demasiada ligereza, a la hora de valorar a un filósofo y su trabajo, si todo en sus constataciones está libre de contradicción, si no se encuentran en uno u otro lugar huecos en su sistema de pensamiento, o si algunos de sus elementos permanecen inexplicados, en vez de preguntar primeramente por la profundidad con la que el autor ha penetrado en el territorio del ser, qué hechos más profundos ha descubierto, o aquello que del mundo real o del ideal ha entendido por primera vez"[12].

La disociación entre bondad e inteligencia son trucos de magia de los hombres malos y de los hombres tontos. Desgraciadamente no parece haber demasiada gente que lo crea, porque en el fondo casi todos somos pillos listos, o tontos torpes en alguna medida, aunque esta afirmación pueda parecer exagerada e incluso risible a los pillos listos y a los malos tontos. Pero el coraje no es la ausencia de miedo, sino el triunfo sobre él; la persona valiente no es

---

[12].- Hildebrand, D. von: *La filosofía y la personalidad de Max Scheler*. Ediciones Encuentro, Madrid, 2019, p. 19.

aquella que no siente miedo, sino la que lo conquista y lo pone a producir, superando las fantasías de la invulnerabilidad y de la ineficacia: si piensas que estás vencido, lo estás; si piensas que no te atreves no lo harás; si piensas que te gustaría ganar pero no puedes, no lo lograrás; si piensas que perderás, ya has perdido. Una persona con talento se repone pronto de un fracaso, un mediocre jamás se recupera de un éxito. Imagínate ganando, pero también perdiendo: así te manifestarás sin más quebrantos como sencillamente eres, y así serás querible. Saber no es suficiente, debemos aplicar lo que deseamos y mejorar lo que no sabemos.

Parece haberse quedado obsoleto el antiguo "no robarás, no matarás", en favor del vulgar "pilla la pasta y corre", que a estas alturas comienza a parecer incluso un "robo educado", pues la nueva piedra filosofal del crimen va más lejos con su *smash and grab*, rompe y agarra a plena luz del día con vandalismo; cincuenta encapuchados irrumpen en tropel como el caballo de Atila en grandes almacenes norteamericanos causando destrozos de tal magnitud que sus dueños se ven obligados a cerrar las tiendas. Ahora bien, si esto es un paso más, ¿basta con las medidas clásicas para atajarlo?

Si todo se soluciona con el incremento de policías, como postulan indignados los amigos de soluciones represivas inmediatas, no lo veo en modo alguno claro; desde luego, en todo caso habría que saber el número exacto de policías necesarios para nuestra defensa, no vaya a ser que el Estado mismo devenga en su totalidad un Estado policía, con el riesgo de terminar convirtiéndose en represivo: ¿quién nos custodiaría entonces de los custodios?, cómo se evitaría que los golpes siguieran cayendo sobre los de siempre, los negros, los librepensadores, las familias desprotegidas, los profetas?

Por otra parte, las dimensiones meramente punitivas de las leyes no han propiciado ciudadanías cualitativamente mejores, ¿será porque esas leyes se han consensuado de forma esclava, desigual, e insolidaria?, ¿o será que el ser humano necesita, como postulara Max Weber, el monopolio de la violencia represiva a cargo del Estado? La llave del monopolio de la represión no debe estar bajo el felpudo de las fuerzas armadas, a menos que éstas sean éticamente superiores al crimen organizado o que trata de organizarse, pues también en este rubro habría que dilucidar muy seriamente cuáles son las fuerzas armadas buenas y cuáles las malas, terreno este resbaladizo que no parece delimitable sin más, pensemos en la colusión entre los poderes civiles y los criminales en los narco/Estados bendecidos; más aún, a veces parece que el primer coludido es el pueblo mismo que trabaja para los narcos directamente a cambio de mejores salarios y más consideración. "Más vale ser un día rey que toda la vida buey", es algo con lo que he tenido que enfrentarme no solo a los narco/Estados de turno, y ya conozco unos cuantos, sino también a los narcotraficantes, y a la misma opinión pública, que por mi bien resalta a veces mi supuesta valentía, pero que en el fondo piensa que soy un loco peligroso, advirtiéndome que un mal día mi familia va a tener que comprarme un ataúd barato, porque para otra cosa no da la libertad.

¿Quién le pone, pues, el cascabel ya al gato? Durante las cruzadas, el afecto familiar fue uno de los motivos disuasorios más importantes para los cruzados, pues algunas esposas de carácter, especialmente decididas a no quedarse viudas, encerraban a sus maridos para impedir que tomaran el camino. Aquellas esposas tenían motivos harto justificados para adoptar tal pauta de comportamiento, pues los maridos cruzados permanecían lejos del hogar no menos de dos años recayendo sobre la consorte la responsabilidad de administrar el castillo, los hijos y las propiedades familiares con la ayuda de los oficiales, así como de mantener ingresos y privilegios en un periodo en que vecinos poderosos recurrían a la fuerza para conseguir lo que deseaban. Además, con frecuencia no se respetaba la inmunidad legal concedida a los cruzados, pues so capa de o mismo podían ir el empingorotado personaje, el ciudadano inofensivo, el matachín de los barrios bajos, o el escapado de la prisión. Y ellas no gustaban del cinturón de castidad, tan tontas no eran.

"No pasarán", ¿pero acaso no han pasado?

En el recinto de la cárcel los presos organizaban cursos de alfabetización, conferencias y debates con el fin de elevar el nivel cultural de los militantes. Cualquier tertulia en los cafés, reunión, mitin, grupo de teatro, ateneos populares, o lectura común de los periódicos, eran su universidad. Todo era bueno para propagar su ideal. La sed de aprender y la lucha contra la ignorancia resultaban imprescindibles para la emancipación del proletariado, que no se limitaba a reivindicar cuestiones políticas y económicas. Cipriano Mera, como tantos otros, se formó en esas circunstancias, formación que aprovechó para subvertir el desorden establecido y que -como albañil revolucionario ilustrado- le valió la aplicación de la ley de vagos y maleantes. Un obrero que trabajaba en el andamio era condenado por vago, lo cual bastaría para explicar lo que da de sí la inmoralidad de cualquier poderío.

Pese a tan benemérito esfuerzo por salir de la ignorancia y del analfabetismo desde la I Internacional de trabajadores, Sagasta se refería a la organización anarquista española como "la utopía filosofal del crimen", y Azaña a sus afiliados como "bandidos con carnet". Pero los anarquistas tomaban la cultura como fin y como medio;

como fin, por el valor de la humanización que ella aportaba; como medio, por su condición de "gimnasia revolucionaria", nada que ver con los gimnasios al uso para desarrollar el narcisismo muscular.

Cuando Mera, tras largos años de cárcel, quedó libre, volvió al andamio. Muchos jóvenes solteros comían gratis en los restaurantes populares y pagaban con trabajo realizado en las cocinas, o bien obtenían crédito a pagar "cuando acabase la huelga". Las familias de los obreros eran sostenidas entre tanto por modestos tenderos de barrio, que abrían cuentas interminables a saldar cuando el conflicto se saldara.

El primer ministro de la República, Casares Quiroga, decía a quienes le advirtieron de la sublevación del ejército nacionalista en Marruecos: "¿con que se van a levantar los militares? Muy bien; yo, en cambio, me voy a acostar". Esta haraganería se enfrentaba a la actividad de los barricadistas y a la laboriosidad febril de los campesinos, que trabajaban de sol a sol para enfermos, ancianos, menores.

Cipriano Mera estaba en la calle el día 19 de julio a las seis de la tarde con un fusil máuser en la mano. Salvo excepciones como la de mi admirado Julián Besteiro[13] porque se quedó hasta el final de la guerra en España como "rompeolas de las dos Españas" y así murió, las clases dirigentes, incluidas las anarquistas más verbalistas radicales,

---

[13].- Cfr. Díaz, C: *Besteiro, el socialismo en libertad.* Editorial Silos, Valladolid, 1975.

huyeron. La ultra/revolucionaria ministra de sanidad Federica Montseny, que gritaba "no pasarán" a las tropas de Franco, fue de las primeras en huir de la quema cuando los franquistas tomaron Madrid. Aquella gran burócrata, luego reinona del exilio libertario en Toulouse, ponía pies en polvorosa hacia Francia mientras los obreros que no pudieron escapar de la represión franquista eran "purificados" o fusilados por los interminables juicios de guerra de los vencedores, o yendo a dar en los horrendos campos de concentración extranjeros, sobre los que hay casi tanta literatura escrita como sobre Auschwitz.

Los pobres no son santos, pero siempre han sido mucho mejores que los ricos. Cuanto más ricos, más pericos. Valga mi desafecto lo mismo para los pobres convertidos luego en ricos, y para los izquierdistas que okuparon las poltronas administrativas. Sin embargo, aunque los anarquistas fueron valientes y generosos, vivían acostumbrados al caos como camino hacia el orden, de donde sólo podía resultar la derrota por vía entre cruel y ridícula. Si se daba la orden de avanzar, cada uno lo hacía como le parecía y, cuando se ocupaba la cota propuesta, se volvían tranquilamente al pueblo sin dar importancia a la conservación de las posiciones conquistadas Ya volverían. ¿Hacer parapetos para protegerse de las balas enemigas? ¡Jamás! "¡Somos de la FAI y no necesitamos parapetos!". Pese a su heroísmo, eran repelidos por el enemigo con gran número de bajas, pues los milicianos se lanzaban apenas sin estrategia ni táctica en tropel ofreciendo un excelente blanco; tampoco se apartaban de las carreteras, de manera que un avión enemigo armado con ametralladora podía acabar con toda una columna; se gastaban centenares de balas intentando derribar a los aviones con fusiles, y lo único que conseguían era revelar su posición. Era impensable que pudieran formar una fila. Si a uno no le parecía bien una orden, se salía de la fila y discutía en voz alta con el oficial que la había dado. Los extranjeros que tuvieron la oportunidad de ver de cerca la guerra española se quedaban atónitos por la informalidad y desorganización general reinante.

Georges Orwell, combatiente en el frente de Aragón, se exasperaba por la "enloquecedora falta de puntualidad de los españoles", pues la única palabra que todos los extranjeros conocieron a la perfección era la de "mañana". Desde una comida hasta una batalla tenían lugar siempre fuera del momento previsto. Cuando Orwell fue herido le hospitalizaron en Lérida. Tras haber mejorado de sus heridas le notificaron que sería trasladado a Barcelona. Una vez montado en el tren hacia la ciudad condal, se enteró de que el maquinista había cambiado de opinión y que se dirigía a Tarragona: "muy español", pensó. Muy español le pareció también que consintieran que el tren le esperara a que él mismo mandara un telegrama a su mujer para que conociera el cambio de destino. Pero lo más español de todo fue que el telegrama no llegara[14].

---

[14].- Esta anécdota procede de un libro excelente sobre la mentalidad de los anarquistas españoles, antes y durante la Guerra civil mayoría obrera: Javier Marijuán y Ana María Cuevas, *Cipriano Mera*. Editorial Mounier, Madrid, 2023.

Yo me desespero en Latinoamérica con "ahorita", o sea, "quién sabe cuándo", que sustituye al "ahora". Sea como fuere, tendríamos que remontarnos como mínimo a los romanos, pues *pro cras* significa en latín "para mañana" (pro/crastinar), lo cual significa que contraviene y se impone sobre la otra clásica de "lo que puedas hacer hoy no lo dejes para mañana", conforme a la lógica implacable del respeto a la laboriosidad ordenada. La hormiga y la cigarra siempre cabalgan de nuevo.

¿Qué se hizo del bien común? Cultura fija discontinua

Un anuncio en los autobuses de Madrid dice: "más *now,* menos *yesterday",* declaración de principios para la campaña de matriculación en una universidad privada. La filosofía, por tanto, una lacra a extirpar por las autoridades educativas. Creo haberme llegado el momento de ser más valiente y menos cauto y defender abiertamente la palabra nostalgia, puede que haya una nostalgia hecha de lucidez, no de vaguedades o mentiras, una parte de rebelión instintiva contra el autoritarismo de lo nuevo, contra la imposición de cambios atropellados que ostentan la legitimidad del progreso inevitable. Miguel Delibes alertó sobre el hundimiento del mundo rural, la degradación de la naturaleza, la desaparición de las especies. No podíamos darnos cuenta de que ese escritor tan del pasado y del campo era mucho más adelantado que todos nosotros, porque alertó antes que nadie repetidamente sobre las consecuencias para la biosfera, para las aguas, el aire, las plantas, los animales, los seres huma-nos"[15].

¿Cuántos electores depositarían hoy, *now,* sus papeletas en las urnas en favor del bien común si ello conllevase para ellos males par-

---

[15].- Muñoz Molina, A: *Nostalgia y rebelión.* El País, 9/09/ 2023

ticulares? Según la genética de poblaciones esos votantes son el diez por ciento de la población mundial. Yo, que no alcanzo la bendita condición universalista de querer para todos lo que quiero para mí, no voto, no sólo por convicciones anarquistas, cada vez más arraigadas, sino también porque desconfío de mí mismo como elector, en la medida en que me considero poco digno de ser elegido. Un mal elector no elige buenos candidatos.

He sido maestrito ayudando a mis padres desde los tiernos quince años hasta hoy, hice lo que pude y algunos me lo agradecieron inmerecidamente, pero no veo en general un progreso humano en mi entorno, ni en mi extorno. Seguramente nadie puede dar lo que no tiene. Pero seguimos trabajando, ya con poco tiempo, pues el reloj biológico y el ecológico han puesto en marcha sus exigencias, a las que no queremos, sabemos o podemos responder.

No pocas cosas que después parecen inevitables surgen por azar. La respuesta a tantas crisis no puede ser la apuesta por una felicidad neurótica, donde el gozo, la diversión, y el morir con la ingesta en la boca parecen ser el único tubo de escape. Pese a tanto pesar, cuando contemplo con Kant el cielo estrellado sobre mi cabeza y la dignidad dentro de mi pecho, vuelvo al orgullo de ser humano, doy gracias a la vida y a las maravillas que ha hecho en muchos por gracia, más que por mérito, y alabo al buen Dios con los ángeles y los arcángeles de todos los cielos. Qué hermosa aventura, y qué poco merecedores de ello hemos sido y estamos siendo. ¿Cómo pagar tanto *crédito* creído, tanto *rédito* sin devolver lo robado, y tanto *débito* incancelable? Ahora bien, como uno ya no está para alabanzas hueras, mi esperanza, que antes fuera antropo/teológica, hoy es sobre todo teológica: espero en Dios, aunque no sin la gente de corazón de oro.

¿Por qué siente el pueblo tan poco interés por la política? Porque los políticos aun lo sienten menos por el pueblo. Un rifeño marroquí afirma tras un gran terremoto: "yo no entiendo de política". Pero entonces ¿no tendrá que luchar contra la monarquía marroquí que, hasta el cuarto día después del terremoto dejando miles de muertos no se personó para visitar a los heridos porque estaba en un balneario extranjero? En un mundo envuelto en niebla, ¿quién nos construirá un faro? El peor enemigo de la pobreza es la justicia, que es injusta con los pobres mientras los bolsillos de los gobernantes no sean de cristal.

No creo en los "valores" de las grandes potencias ni de las pequeñas, sólo en el óvolo de la viuda, en el temblor del huérfano, y en las lágrimas amargas del oprimido. Ellos son mi patria, mi matria y mi fratría, y sólo a ellos me debo. Para jugar en esta liga hay que soldar las virtudes privadas y las públicas, pues las primeras sin las segundas conducen al estatismo (terror de la espada) y las segundas sin las primeras al individualismo.

Amo el ejemplo de los anarquistas clásicos por su solidaridad con los desheredados, y algunas de mis páginas menos malas así lo han pretendido poner de manifiesto. Para ser maestro de virtud no solamente hay que saber: hay que querer, hay que poder, hay que deber, hay que esperar, y hay que orar. Qué sarcástica resulta hoy aquella Ilustración que gracias al Progreso convertiría la Tierra en Paraíso. Quisimos paraíso e hicimos escombreras. Y lo peor es que a estas alturas todavía no hemos aprendido la lección.

Pues bien, ¿en qué consiste esa cuadratura del círculo denominada "trabajo fijo discontinuo"? Si es lo que me temo y yo fuera fijo discontinuo, tendría problemas tanto en los días de empleo fijo como en los de discontinuo, pues ¿cuántos días podría permanecer en paro y cuántos laborar para ser considerado fijo discontinuo?, ¿bastaría con un día de empleo al mes, por ejemplo, sin ulterior continuidad con el resto de los numerosos días vacantes? Me temo que, si no tengo bien claro cómo y cuándo estoy empleado, ¿cómo voy a saber quién demonios soy yo y que hago en la vida?

Por otra parte mis hijos me demandarían perplejos por qué unos días su padre es Dr. Jekill bueno para el trabajo, y no lo es los días de paro, mister Hyde. También les asusta que, al no entrar regularmente en casa las calorías necesarias para todo el mes, tengan que ponerse a dieta obligatoria, cuando ya de frente parecen de perfil.

¿O acaso llevaba razón el gran roquero Adriano Celentano con su *chi non labora non fa l'amore, questo mi a detto ieri mía moglie* es decir, que quien no trabaja no hace el amor?, ¿era aquella música el preludio de alguna ignota tragedia?, ¿me aceptaría mi mujer en el tálamo cuando tras la huelga regresara a casa con un piquete en la ceja y los bolsillos vacíos?

Tampoco se me va de la cabeza la pregunta que me martillea desde siempre: ¿por qué no podemos rotar solidariamente todos los empleados durante lunes, miércoles y viernes para compartir la insoportable carga que humilla a los trabajadores peor pagados y más degradados?, ¿podrá y querrá el Estado de bienestar alimentarnos en sus comederos públicos y alojarnos en sus albergues hasta el final de la vida? Porque todo esto las inamovibles jerarquías sindicales fijas se lo pasan por la entrepierna. Los parias ya hemos sido abandonados definitivamente por las centrales sindicales, así que me veo con pie y medio fijo/discontinuo en la calle, en la puñetera calle fija/discontinua, mientras las terrazas de las ciudades petan de felicidad en ese paraíso de las huríes.

¿O tal vez podría jugar a la lotería discontinuamente y luego con esa sonrisa de la fortuna del premio gordo dar fin a mis cuitas? El problema es que no me alcanza el salario para echar a ninguna rifa, así que trataré de persuadir a Segismundo para que, bien encadenados el uno al otro, y susurrando "qué delito cometí contra vosotros naciendo", demos lágrima a los viandantes para que nos arrojen alguna monedita roñosa de a cinco. Si hay suerte, igual comemos.

A todo se acostumbra la sociedad del bienestar que para la mayoría es del malestar. Lo único que se nos antoja factible es que se creen más puestos de trabajo, aunque sean fijos/discontinuos, menos daría una piedra. Felices las estadísticas de los telediarios, yo pobre de mí que se acaban las fiestas de san Fermín.

Pero, además de los medio discontinuo/fijos y de los fijos/discontinuos, en el escalafón del hambre se encuentran los asalariados fijos pero retribuidos mínima o ínfimamente, los cuales se creen afortunados en comparación con los que son enterrados en la caja de cartón, aunque hayan cursado la licenciatura de Bellas Artes y toquen la lira o el arpa. A veces, con innumerables esfuerzos, logran montar una banda callejera, toda una experiencia lírica que desde luego no les llevará a la Escala de Milán.

Pero todo cuela en esta sociedad/colador, incluso el narcotraficante admirado y respetado por su lujoso yate y porque unta al personal con sus mordidas. Ellos machacan nuestros cuerpos y los violan hasta convertirlos en estrellas enanas y en agujeros negros, y muchas gracias. ¡Quién pudiera compartir mesa y mantel con ellos, bañarse en su bañera, perfumarse con sus desodorantes, disfrutar de sus migajas! Decir esto no pasará de mera elipsis, porque siempre faltan palabras necesarias para describirlo. La lengua se traba en el intento y se llena completamente de metátesis o trasposiciones de una letra por otra al modo de Chiquito de la Calzada, así como de episinalogías o fusiones de dos sílabas en una sola, con la lengua gorda de los borrachos y de los perdidos. Si no ha quedado ni rastro de los negros nubarrones de las chimeneas de Auschwitz, ¿reactivaremos los testimonios de los profetas contra la barbarie con que machacan a los *probes* de la Tierra?, ¿todo habrá de ser *epánodos*, regresión?

Cultura gobernancista agarbanzada

Axioma: si existe una cultura gobernable no es cultura; la cultura es ingobernable. Los famosos Ministerios de Cultura los llevan los incultos y los burócratas, que es decir lo mismo, el Gran Hermano. Una cultura gobernable y sumisa es como usar la escobilla sucia del wáter para presumir de creatividad.

¡Qué miseria antropológica esto del cambio de chaqueta, o del *deshabillé* integral con tetas fuera para buscar el aplauso y el contrato y el cargo y la subvención y el chupito estatal! Todas las moscas van a la misma mierda: las mascotas, la cocina, el poliamor y el lecho de Procusto. ¡Y qué avidez por salir todos atropelladamente en la foto con su puñito cerrado y sus puñeteras! Si querían salir en la foto, ¿por qué no se manifestaron contra la represión y la censura? Si sus conciencias estaban tan humilladas, ¿por qué no lucharon hasta el final contra Franco?

Un país encerrado en su jaula de ideologías es malo, pero un país encerrado en la jaula de sus no/convicciones es mucho peor, pues la puñalada trasera puede llegar de cualquiera de tus comilitones, si con ello alcanzan la notoriedad. Hiperquinésica sobreelevación del ego, crispación frenética, todo sirve para al fin proclamar: "¡miren que materno/paternal soy con mis mascotas!". Cual ranas croadoras y sapos inflados explotan de tanto inflarse. No es vivir para ver, es vivir para ser visto y oído.

Los conectados a todo ese mundo *infoxicado* no ven películas de buenos y de malos, sino de malos y peores, la *hibristofobia*, el empocilgamiento, la atracción por los guapos y guapas. El Sancho degollador de su amante en una lejana isla asiática tiene más de cien mil defensores ardorosos que piden se le dé una nueva oportunidad, porque es una lástima que esos músculos se pudran en la cárcel sin provecho para nadie, aunque sigan degollando. Ni de Sancho Panza ni de Don Quijote de la Mancha -o de la Panza- interesan: "si Don Quijote volviera, yo sería su escudero, que buen caballero era". Ahora los patos le tiran a las escopetas. La corrupción de la mafia de cuello blanco apoderada de instituciones que no quieren soltar el poder son las buenas, y eso ocurre en cualquier esquina del entero mundo.

Los postureros izquierdiprogres no hablan de movimiento obrero, ni de tecnologías, ni de culturas del esfuerzo, sino de arcos iris y orgullosas desnudeces mientras elevan la deuda pública a unas alturas que no podrán pagar ni las veinte generaciones siguientes, en el caso de que ellas por su parte tampoco incrementen a su vez la deuda pública, lo que veo imposible dado el modo de vida dominante. Cualquier pijo/progre se quedaría con cara de *¿what?* ante esto:

"el teatro social fue otra de las armas de la cultura proletaria. Hubo casos en que la emoción y el entusiasmo que producían estas obras estuvieron a punto de dar un disgusto a más de uno. En una ocasión hubo quien la emprendió a tiros con un desdichado actor que tuvo la mala suerte de interpretar el papel de malo en la obra *El Cristo moderno*. Éste tuvo que dirigirse al electrizado público con las siguientes palabras: 'tengo que advertir al público que nos asiste desde las butacas, que debajo de este disfraz y estos postizos hay un profesional cuyo ingrato papel no quita que hierva en sus venas la sangre proletaria'. Obras como *Abajo las armas* hacían que hombres como Buenaventura Durruti, emocionadísimos, llorasen a lágrima viva"[16].

Pero aquellos obreros de corazón ingenuo, muchos de ellos cruelmente asesinados para que nosotros no viviéramos como manda El Corte Inglés, sólo causan hilaridad entre los estudiantes en la cafetería del *Ceu* tras sus prácticas de voluntariado que dan puntos para la nota. Y, ya que hablamos de Durruti, hasta los parados mismos se asustarían si alguien les instase a la rebelión, en lugar de convertirse en pedigüeños amigos de la subvención y del chupito para bailar como la cabra al son del tambor estatal: "una noche entró un mendigo y fue de una mesa a otra con la mano extendida. Se trataba de un joven con gesto de hombre vencido, avergonzado y de mal aspecto. Cuando llegó a donde estaba Durruti, éste se le quedó

---

[16].- Marijuán-Cuevas: *Op. cit*, p. 24.

mirando fijamente y se hizo el silencio. Entonces echó mano al interior de su chaqueta y sacó una pistola a la vez que le gritaba enérgicamente: '¡toma!, ¡vete a un banco a por dinero!'. El mendigo asustado salió corriendo del bar sin decir palabra"[17]. ¡Qué malos estos anarquistas, y qué buenos los bancos que nos despluman!

Cansado de incidir en ello sin resonancia empática alguna, escribí a mis amigos: "por favor, no es necesario que contestéis a mis inéditos ni a mis publicaciones, tengo la sensación de ser agobiante, yo os los envío con mucho gusto". Uno de ellos me contestó: "en cuanto a contestar, si bien te tengo mucho respeto, lamento informarte que te contestaré cuantas veces me dé la gana, la regalada gana como dicta el decir popular. Y creo que en tantos años de conocernos te queda claro que es sin compromiso, rubro en el que para mal y para bien tengo casi 68 años de experiencia. Nunca será mayor tu gusto al enviar artículos, que el mío al recibirlos".

---

[17].- *Ibi,* pp. 24-25.

Cultura petting

Las dos yeguas del entendimiento y la de la voluntad trataban de arrastrar al filósofo griego en sentido contrario. Según el poema parmenídeo *Sobre la naturaleza,* "los hombres que no lo saben deambulan bicéfalos: el desconcierto gobierna en su pecho su sentido desordenado, y son arrastrados al mismo tiempo sordos y ciegos, estupefactos". ¿Qué relación existe entre lo que pienso y lo que quiero?, ¿halan parejos el acto intelectivo y el volitivo, o se repelen cual yeguada mal ayuntada?

Hay deseos al mismo tiempo impulsivos y repulsivos, veo lo mejor y lo apruebo pero sigo lo peor; deseos inconfesables me arrebatan sin que el estudio ni la formación puedan doblegarlos, flexibilizarlos, reorientarlos, como si me habitase un intruso que me domina y anula. ¿Qué hacer si tras tantas disciplinas mi indómita tendencia sigue siendo la de arremeter con mis colmillos a cuanto se me pone por delante? Como si por mis venas corriese sangre de jabalí, incluso la sangre espesa de los neutrales o neutrones o neutrinos hace hervir a la mía. La misma sangre fría con la que me pregunto estas cosas me pone en modo ataque, todo me provoca, estoy en estado de excitación.

Pero no quiero estar desmayado, ensordecido ni descartado, no me quiero bajar del caballo, ni subirme a la burra. Quiero querer, requerir, volver a querer, pero no como un desbocado pura sangre, bestia necesitada de rapa. Reglas, preceptos, leyes, mandamientos, si son buenos, me gustaría abrazarlos. Para eso se necesita una volición desparasitada de voracidad predadora. Pero el español, ese ser donde uno dice y el otro contradice. En la política noruega no hay broncas, insultos, o embestidas parlamentarias, en la española seguimos desenterrando muertos del 1939 con el hacha de guerra y sin la pipa de la paz. Nacidos para negar la afirmación contraria, las dos Españas se parecen como dos gotas de agua. La de hoy es una sociedad escéptica y a la vez crédula, empate técnico: el ochenta por ciento de los españoles no conoce a los candidatos electorales, y el ochenta por ciento de los candidatos electorales o de los ya apoltronados no conoce a los españoles. Dos de cada tres bajopirenaicos se dicen desengañados de la política, y el tercero se dedica a ella. En este samsara el tonto llama tonto al otro, siendo ambos tontos en cuatro idiomas.

En este contexto muchas cosas parecen broma, "si no sois cristianos os deseo un solsticio propicio; si lo sois, una muy feliz Navidad". Aquí los políticos se desean el peor año nuevo posible mientras se abrazan, para cerrar el año con el mismo balance. Hagamos lo que hagamos, nunca caemos de pie. El atraco más jugoso de la carrera de Rojano Carrasco ocurrió cuando fue a un banco para realizar una gestión. La cajera le informó de que tenía que cobrarle una comisión y él, considerando que era excesiva, gritó que aquello era un atraco. Todo el mundo se tiró al suelo y la cajera empezó a darle dinero, que en aquella época aún guardaban en un cajón. Cuando lo contó le preguntaban qué hizo, y él contestaba impávido: "coño, ¿qué iba a hacer si me los daban? No llevaba bolsa, me metí los billetes por dentro de la camisa y me fui. No llevaba ni arma". El caso es disfrutar del atracón del atraco: "nos han expulsado del paraíso", dice el pazguato, a lo que la pazguata desinhibida contesta: "sí, pero ya nos habíamos comido la manzana". En esta cultura del *petting* (magreo, en castizo) las estratagemas para seducir siguen siendo como la de aquel que se agenció el archivo del personal de la Compañía Trasmediterránea para controlar a los oficiales que estaban en alta mar y poder así abordar a sus esposas. Al torero Luis Miguel Dominguín, tras acostarse con Ava Gardner por primera vez, la actriz al ver que su copulador se levantaba apresuradamente le preguntó "¿adónde vas ahora?", a lo que él respondió como lo más lógico del mundo: "¿cómo que adónde voy? ¡Pues a contarlo!". Quien aquí pide "la mano" de una mujer lo que realmente desea es el resto del cuerpo.

Rara vez nos presentamos como somos, razón por la cual nunca somos lo que parecemos y, cuando nos comportamos sin ambigüedad, lo hacemos sólo porque no tenemos otro remedio. Se cuenta que, no siendo José Bergamín precisamente un Adonis, en un debate en la Audiencia, el abogado rival le dijo: "el señor Bergamín, en este proceso, se ha presentado con dos caras". Y Bergamín le contestó: "-¿pero su señoría cree que si yo tuviera otra cara me presentaría habitualmente con ésta?".

Sin máscara, aquel diputado replicó: "señor Bravo Murillo, aquí no necesitamos gentes que piensen, sino bueyes que trabajen". Ese paño se vende en muchas arcas; tampoco los germanos se quedan mancos cuando al emigrante le llaman *Gastarbeiter*, trabajador invitado, o cuando en la ONU se habla de "países en vías de desarrollo", algo que suena tan deshonesto como llamar a los parados "trabajadores en víspera de empleo", o cuando se manosean los derechos humanos.

Si fuese verdad que viajar enseña, los revisores de billetes serían los hombres más sabios, pero hoy viajar es desplazar las grasas. El demócrata dice "me gusta que haya cosas que no me gusten", pero el verdadero demócrata fue el Precepto del Fuero tomando juramento a los reyes de Aragón: "nos, que cada uno valemos tanto como vos y que juntos podemos más que vos, os hacemos nuestro rey y señor, con tal que guardéis nuestros fueros y libertades. Y si no, no". Bravo. Nada tan pernicioso como considerar que los demás tienen obligaciones de las que uno está exonerado.

Halloween, otra filosofía mimetizada

Velas, telarañas, murciélagos, búhos, brujas, gatos negros, fantasmas, calaveras, todo cuanto genere miedo o terror, junto a exorcismos para repeler a los espíritus malignos que durante estas fechas visitan el mundo de los vivos es *Halloween (All Hallow's Eve*, víspera de Todos los muertos). Esas cosas tienen lugar durante la noche del 31 de octubre, fecha en que -no habiendo ya más espacio en el infierno- los muertos caminan ya sobre la tierra. Ahora el demonio ha llegado a casa, todas las pesadillas se han expandido por sobre la faz de la tierra. Todo lo que da miedo, los peores sueños hechos realidad se concitan en esta celebración. Que nadie escape al sufrimiento, que ninguna lágrima lo enjugue, que no haya ahorro de malignidad, que las calabazas talladas simulando cerebros humanos tengan una cara con una sonrisa grotesca. En México, el país más afecto a la muerte, la afición tanática resulta tan exagerada que ya no se necesitarían esas exhibiciones, pues la realidad supera a la ficción en la calle entre matazones, balaseras, violaciones, secuestros, ahorcamientos y embutes en tambos con la cabeza seccionada.

En esta situación, y con *Halloween* pisando los talones de cada ciudadano, me pregunto: ¿es el esqueleto del nihilismo con la cabeza bajo el brazo acompañado de su huesuda catrina que no tenían suficiente con la realidad para reduplicarla con entierros?, ¿por qué aman tanto el hedor de sangre estancada, será que desean ver las ciudades convertidas en cementerios?, ¿será todo eso un desesperado mecanismo de exorcización del mal, un ludibrio catártico, la invocación de un imaginario desesperado e incierto donde un clavo saca a otro clavo, la escenificación de una gran hecatombe sacrificial a la que seguirá un apocalipsis, pervivencia del mito del eterno retorno de las teogonías mesoamericanas?

El *Halloween* español brota de la admiración mimética de USA, país difusionista por excelencia. La exhibición de la mugre de *Halloween* es en algún sentido una pagana –aldeana- exhibición. Cuando éramos estudiantes de bachillerato se nos demostraba la supremacía del catolicismo sobre las demás religiones porque teníamos más santos que todas ellas. ¿Es decente esperar olor de la Gloria de Dios cuando en esta tierra cada uno sólo cultiva su propio breviario de podredumbre? De momento, es lo que da de sí la parafernalia lúdica con que casi toda la humanidad exorciza sus demonios.

Hacerse ilusiones con algo y no creérselo es tan tonto como no hacerse ninguna ilusión para así no creérsela, y otras posibilidades absurdas. Ésta es la sociedad más crédula al entrar y la más escéptica al salir del espectáculo. Sería estupendo llegar vivos a la muerte, y no muertos; pero sería preocupante llegar vivos a la muerte y luego no desear seguir viviendo. Cualquiera te puede quitar la vida, pero ninguno te puede quitar la muerte.

Optimismo de garrafón

Envejecimiento del envejecimiento. Sólo el 17% de los guate-
maltecos mayores de 60 años tiene seguridad social o pensión. Los
restantes trabajan ocasionalmente en la calle para ganar unas
monedas, o viven de la caridad, o de familiares que quieran o puedan
hacerse cargo de ellos. Muchas familias que no pueden sostener a un
anciano en sus casas los abandonan en Emergencias indicando que
van a aparcar el coche y que volverán en unos minutos, pero ni
regresan, ni dejan datos del paciente. Muchos hijos no quieren
responsabilizarse de sus padres; alegan que, de niños, les dieron muy
mala vida y, ahora que son adultos "no les ofrecen ayuda porque
sufrieron mucho con ellos".

Guatemala lanza a la calle a sus ancianos como indigentes
porque nadie se hace cargo de ellos, o los relega a la parte de atrás de
las casas porque los ve como un estorbo; los primeros tienen la
esperanza de salir a la búsqueda de algo o de alguien, los segundos
solo pueden esperar maltrato y vejaciones. En Guatemala muchos
ancianos deambulan en pos de un bocado o de una prenda de vestir.
Son los estoicos octogenarios cuyas fuerzas aún les permiten hacer
acopio del arrojo mínimo para salir a las calles en busca de algo que

llevarse a la boca. El centro de San Vicente de Paul pide donativos de ropa (las prendas que más se necesitan son suéteres, blusas, bufandas, gorros). Un país tan oficialmente católico, ¿qué hace con la viuda, el huérfano, el extranjero, el loco, el anciano, el inválido muerto de hambre?

Algunos de los escasos *Hogares especiales* funcionan sin los permisos correspondientes, dos de ellos con patente de salones de belleza y venta de aparatos terapéuticos, cuyo personal carece de toda capacitación en gerontología y de conocimiento de los derechos humanos, siendo inadecuada la alimentación e inapropiadas las dietas para la tercera edad. La mayoría de adultos carece de dentadura y dentro de la dieta nutricional se les sirven alimentos imposibles de digerir. Y eso por no hablar de las inenarrables condiciones en que cumplen condenas penosísimas en los *centros carcelarios*.

Menos del 10% de las Ciencias de la Salud incluyen la geriatría en sus programas de estudio de grado o posgrado. La gente con seguridad social acude a hospitales nacionales, pero sólo les extienden recetas de medicamentos y recetas para realizarse los exámenes de laboratorio en centros o clínicas particulares, que han de pagar de sus bolsillos, misión imposible por su situación de pobreza.

Guatemala es un país mayoritariamente "cristiano". Hay evangélicos de muchas denominaciones, católicos en diversos grupos laicales, y creyentes de otras religiones, pero los *cristianazos* de pura cepa ignoran que el único mandamiento que tiene retribución en esta vida es el cuarto, "honrarás a tu padre y a tu madre". Un médico amigo cuenta: "hace cuatro días dialogué con una anciana a quien encuentro con alguna frecuencia cerca de mi clínica. No es una persona materialmente abandonada, aunque sí relegada socialmente. A más del saludo respetuoso que se merece como persona y como octogenaria, la ayudé a cruzar la calle. Y con la tristeza saliéndole por sus ojos me dijo: 'un apoyo así quisiera en mi propia casa'. Pese a contar con familia cercana (hijos y nietos), no tiene con quién hablar, se considera completamente sola. Un hijo la visita una vez al año durante unos minutos y le ofrece 'volver en cuanto pueda'. ¿Qué esperanza merecemos si no le proveemos la mínima a nuestra ascendencia cercana?". Si a alguien esto le parece sentimentalismo es que apenas le quedan sentimientos. Esa pérdida de valores humanos ha significado que ya no se tenga una valoración respecto al anciano o anciana en términos de lo que significan para nuestras vidas.

La cultura del galardón

Ser galardonado, distinguido, reconocido, premiado. Cuando nos están poniendo la medalla pocos recuerdan que tarde o temprano estatuas y prestigios caerán de sus pedestales, todas olvidadas con sus inolvidables. Por lo general, cuando veáis pasar a un hombre inteligente despojado de altos ideales, que ni anhela ganar el cielo ni honra y alabanzas en la tierra, poneos en guardia: si no es un budista, o un santo, va a por vosotros. Otras veces ni siquiera hay premio de consolación, siendo necesario fracasar pública y ruidosamente para congraciarse con los ninguneadores insaciables en su necesidad morbosa de nuestro fracaso.

¡Triste necesidad de ser laureado! Sabremos que hemos llegado a la deliciosa enajenación sensorial para las cosas frívolas, enojosas o cotidianas cuando, según se cuenta de Nicias, preguntemos a nuestro criado: ¿he comido? Si artistas y sabios estuvieran seguros de la vanidad de sus glorias, ¿forjarían sus obras?

Casi todos, quienes lo merecen y quienes no, creen que lo merecen. Frente a esa actitud está el "si quieres vivir sano, sé viejo temprano", divisa implausible de los que se entierran vivos bajo la ley del mínimo o del ínfimo esfuerzo. También, en sentido contrario, hay dietas y ejercicios físicos que matan por exceso o por defecto, so pretexto de ayudar a alcanzar la eterna juventud. Pero entonces montan en cólera los veganos y demás familias cuando su cuerpo les falla, porque habían identificado la dieta con la eterna salud. Más aún, odian a quienes no se cuidaron tanto y están como una rosa. Será, acaso, porque cada cuerpo tiene sus razones misteriosas que la salud no conoce, más allá de la báscula: homenaje en puerta, menosprecio a la vuelta, algo que nadie desea para sí, aunque algunos tragan con todo con tal de poner el trofeo encima de la repisa de su sala de estar. Ahora bien, ¿qué pasa cuando no se gozó de homenaje alguno en vida, ni de luz y taquígrafos, y sólo desprecios ante la puerta, en la puerta, y después de la puerta? Los homenajes cotidianos son los tratan al otro como si uno se tratara a sí mismo. De lo contrario, él rodillo y tú arrodillado.

También se dice que clarísimos talentos se frustran para la ciencia o para el arte por haber recibido prematuramente el ansiado galardón, pero ¿cuántos no se habrán frustrado por recibirlo demasiado tarde? Zeuxis, reprendido por pintar con mucha lentitud, exclamó: "empleo mucho tiempo porque pinto para mucho tiempo". Si esto fue verdad en su caso, no todos pueden decir lo mismo: hay premiosos que no merecen el menor galardón, pues no terminan la obra porque se relamen demasiado durante la ejercitación narcisista de su propia obra. La lentitud como fin en sí misma, al fin y al cabo, no pasa de ser un lento fin en sí mismo. ¿No será que talento es talento, galardonado o por galardonar? Nunca olvidaré la cara de admiración de un connotado catedrático que dirigiéndose a mí con circunspecta cara de asombro me preguntó: "¿es usted el galardonado?". Yo, que soy uno de los animales menos galardonados de mi entorno, casi estuve por decirle que no, por la fuerza de la costumbre. No sé si no le hubiera dado un síncope, así que mi respuesta afirmativa igual le salvó la vida. La fuerza y el don de Don Galardón.

¿También tú, hombre Generalísimo, alardeas de carecer de enemigos, pues ellos son los enemigos tuyos pero no tú de ellos? Vamos, ¿es que jamás dijiste a nadie la verdad ni realizaste un acto de justicia digno de irritar al indecente? Resulta difícil ser muy amigo de los amigos sin ser algo enemigo de la justicia. De ahí que debamos preguntarnos ante la recepción de algún obsequio inmerecido: ¿cuál será la arbitrariedad, el abuso o la injusticia que se me exigirá algún día?

Dice Ramón y Cajal: "nada se nos resiste más que la confesión de haber dado a luz una doctrina falsa o un hijo bobo. En cuarenta años de profesor no he topado todavía con un padre suficientemente desapasionado para decirme: 'soy un zote, y mi hijo ha heredado mi estulticia, agravada quizá con la de su madre'"[18].

---

[18].- Ramón y Cajal, S: *Charlas de café. Pensamientos, anécdotas y confidencias.* Librería Beltrán,

Bueno está, pero ¿cuándo se habrá topado ese padre zote con un catedrático zote que le diga: "no se preocupe, buen hombre, yo también soy un zote aunque laureado, y mi hijo ha heredado mi estulticia de catedrático, agravada con la aquiescencia de los demás académicos"? Ningún maestro decente dice: "tú sé como yo", ni "sé como tú", sino: "seamos como debemos ser, que falta nos hace". Ramón y Cajal llevó lejos su estoicismo socarrón: "poco vales si tu muerte no es deseada por muchas personas". Ahora bien, ¿significa eso que aquellos cuya vida es deseada por muchas personas son más valiosos?, ¿puede el criterio del número servir de medida axiológica? Por otra parte, ¿y si los vitoreadores o bistoreadores agasajan a quienes marcan el paso de la oca con el brazo alzado, y si los portadores de las coronas de laurel fueran criminales? "Confieso que mi botica espiritual son los 10.000 volúmenes de mi biblioteca, allí encuentro antídotos contra la desesperanza, el dolor, la tristeza y el tedio"[19]. Sin embargo, qué inútiles para la vida. Aunque la Tierra entera estuviese alfombrada de libros y cada habitante los hubiera leído todos, seguiríamos siendo pobres gentes necesitadas de botica y de rebotica.

Madrid, 1947, p. 121.

[19].- *Ibi,* p. 73.

Las honras fúnebres académicas: aplaudid, malditos, aplaudid

¿Qué ha cambiado en el *atrezzo*? Aquellos jóvenes socialistas de mi generación, tan desafectos y tan críticos con la perspectiva cristiana, hoy abuelos e incluso difuntos y criando malvas, se vestían de pana y por eso eran denominados albóndigas, aunque a la vasta pana siguieron los finos diseños, los colores fucsias y, en algunos casos, la afición a diseñar joyas de diamantes y otras piedras preciosas. Aquellos profesores progres *progresores* del futuro tratan de seguir siendo el presente, aunque declinantes. Ayer encontraban su elíxir en *la bodeguilla* y organizaban peregrinaciones y rogativas a la misma para tocar poder.

Eran *jóvenes y jóvenas*, según doña Carmen Romero, antecesora del lenguaje de género cuando era penene del instituto Calderón de la Barca: "la Residencia de Estudiantes ha sido recientemente punto de encuentro de los pensadores más relevantes del panorama filosófico. En homenaje al fallecido Javier Muguerza, un nutrido elenco de admiradores y devotos participaron en una reflexión coral sobre la obra y la persona de su maestro y compañero. Felicito a *El País* por su buen olfato periodístico al llevar a portada la foto de familia de los sabios y sabias de la tribu.

Estos paniaguados senescentes formaban una escolástica muy selectiva refugiada en la trastienda del poder, desde donde expendían bulas que ya nadie compra. Se burlaban de la escolástica tomista y adoraban la ciencia escolástica pura cabeza de Extremadura, cuyos textos bíblicos de Marx y de Lenin por cinco pesos en las librerías de viejo de México ya ni siquiera los digieren las ratas. A estas alturas todavía se aferran al *no corráis que es pior.*

El obituario del Pentecostés laico tenía en esta ocasión lugar en el salón funerario de la *Residencia de Estudiantes*, esa especie de panteón o pudridero de muchachos excelentes en cuyo osario descasan todas las lumbreras intelectuales que en España han sido, y donde los sepulcros vacíos aún están a la espera de sus correspondientes rellenos, ahora siguiendo por imperativos legales la cuota dictada por el canon igualitario: ahora un muerto, ahora una muerta en el jardincito de su ilustre edén. Y ahí estaba el catafalco, que no cenotafio, del inteligente filósofo Javier Muguerza, a cuya memoria no quisiera faltar al respeto, pues también le tuve como profesor muy inteligente. Sin embargo, toda la escenografía de la capilla ardiente recordaba a la de Sócrates: a su alrededor amigos y discípulos acuosos y plañideros, los sabios y sabias de la tribu. Enternecedor verlos en torno al padre muerto entonando con la cítara y con voz endulzada como las musas los talentos del ausente ilustre profesor. Sabios y sabias de la tribu alaban en un salterio coral las supremas virtudes de su maestro pensador. ¿Cómo no, si hasta allá había llegado *El País* con luces y taquígrafos? Ya estaban todos y todas, los pensadores y pensadoras más relevantes del panorama filosófico, conforme al rango académico por ellos mismos establecido.

Allí todos los más académicos se veían arropados por todas las gentes de la organización, que también alzaban su plectro canoro, aunque algunos mostraban su disconformidad porque su nombre no apareciese ni siquiera en letra pequeña en el capítulo de créditos. Qué injusto olvidarse de la organizadora y presentadora del acto, la tan ignota filósofa feminista Concha Roldán, qué horror tan tremendo haber omitido su santo nombre, imperdonable verdaderamente.

Por mi parte, aunque hubiera querido, no habría podido acudir al sepelio académico portando mis flores, y ello por dos motivos: porque no fui invitado, y por motivos de salud, ya que tengo la emotividad más alta incluso que el colesterol y pronto me ataca el moquillo. A los *peregrinantibus mecum* les ruego me entierren en la sierra al pie de los magüeyales, y que me cubra esta tierra, que es cuna de hombres cabales.

Y conste que esto no va –lo repito- contra la memoria de Javier Muguerza, el cual, tras señalar que yo estaba "mal situado" académicamente, me invitara a remar en su barco. De la que me libré, a tenor de sus galeotes. El tañido fúnebre no se producirá por dos razones; la primera porque en su campanario no hay campanas, sino bombos, y la segunda sobra. Todo esto, que podría contemplarse como el resentimiento del fracasado, es una experiencia académica cuasi mística.

Aquel individuo le pregunta a otro qué haría si se viera acorralado por un toro en un callejón sin salida donde no hubiera árboles ni ventanas a donde encaramarse, ni vecinos a quienes pedir auxilio. El otro le contesta angustiado: "¡so canalla, usté lo que quiere es que me coja el toro!", que es lo que le pasa a algunos con esto del aplauso. Aún se recuerda a Nikita Kruschev golpeando con un zapato su mesa en las Naciones Unidas, algo contrastante con la forma cursi de besar las mejillas sin besarlas para que no se corra el rímel, cursilería que se mantiene en el "daos fraternalmente la paz", donde los curas sacan un trasero respingón para evitar el ósculo sin ni siquiera abrazarse en el momento litúrgico. Y el saludo con los codos para evitar la transmisión del virus ya es de campeonato yeyé. Prefiero con creces el ceremonioso saludo chino, aunque a veces pierda el autobús; también prefiero el aplauso a la vieja forma alemana de aplaudir golpeando sobre la mesa con los nudillos, mucho ruido, pero pocas nueces con esa falta de entusiasmo y de salero propia de los teutones que en las cervecerías bávaras van sentándose uno junto a otro sin decirse ni mu, comienzan a beber, y al rato se balancean tan amigos entonando canciones tirolesas que recuerdan a Heidi y a su amigo Marco. Las fiestas académicas no se pueden aguantar sin hacer lo mismo.

Como fuere, cuando algún auditorio me aplaude demasiado, sé qué hacer. Tengo tres fórmulas. La primera es de un gran orador: "nada de un párrafo de gracias. Escuetamente, gracias, como corresponde al laconismo militar de nuestro estilo"[20]. Así comenzaba José Antonio Primo de Rivera su discurso en el Teatro de la Comedia de Madrid el 29 de octubre de 1933. Pero yo no tengo una camisa azul, aunque reconozco que es un color neto, entero, varonil y proletario. La segunda, del integrista Vázquez de Mella, todavía mejor orador: "señores: desde este mismo sitio se ha hecho de mí un tal extraordinario elogio, que de haber salido de otros labios pudiera creer que encerraba más de sátira que de alabanza. Pero, como no puedo dudar de la sinceridad que animó aquellas palabras, un elemental deber de cortesía me anima a recogerlas con gratitud, y aun me forzaría a corresponder a ellas diciendo que procedían de una palabra experta y elocuente y de un polemista de agudo y sutil ingenio, maestro de estrategias parlamentarias, si no temiese que algún espíritu suspicaz creyese que habíamos formado, no una unión, sino una sociedad de elogios mutuos, y por eso me limito a dar las gracias, y no digo más"[21]. Y la tercera es de un orador más modesto, yo mismo si se me permite: traduzco mentalmente los aplausos en ruido cerebral molesto y desconecto, pues los ruidos, o el mero

---

[20].- Primo de Rivera, J-A: *Discursos y escritos.* Ediciones del Movimiento. Madrid, 1972, p. 5.

[21].- Vázquez de Mella, J: *La persecución religiosa y la Iglesia independiente del Estado ateo.* Obras, V. Madrid, 1931, p. 73.

hablar demasiado alto de la gente, me causa dolor de cabeza. Puedo ser fatuo en muchas cosas, pero en esa no, que no. que no, Mariacristina, que no, que no. Así no me decepciono cuando las palmas se convierten en palmaditas sobre mis espaldas sin nada más que eso. Y lo mismo me pasa cuando el aplauso es de la pueblocracia desgreñada que jalea y jadea. Yo a los palacios subí y a las cabañas bajé sin aplaudir las Ordenanzas de Carlos III con marcha militar.

Además, ¿qué se aplaude?, ¿quién aplaude?, ¿para qué se aplaude? Terrorismo intelectual "antes, con la obtención de un título universitario y el triunfo de unas oposiciones, el hijo de un pequeño burgués podía convertirse en un gran burgués; ahora, con el mero requisito de matricularse en unos cursos y acogerse a un aprobado general, el hijo del obrero puede convertirse en un intelectual. Habrá una masa infraculta y una minoría culta por el solo privilegio de haber nacido en una determinada categoría o de haber vivido en un determinado ambiente"[22].

El desencanto de Ortega consistió en que su sueño de una república de profesores resultó ser una democracia de energúmenos. Esta anécdota de mi inolvidable José Luis Rubio me encanta: "hace unos años, una muchacha del servicio de una residencia universitaria hizo ejercicios espirituales. Alguien le preguntó: '¿y en qué se nota

---

[22].- Duque, A: *La estupidez de la inteligencia*. Ediciones Encuentro, Madrid, 1982, pp. 149 y 156.

que has hecho ejercicios? Respondió: 'ahora barro también debajo de las alfombras'. En España estamos necesitados de unos ejercicios espirituales así"[23]. Al menos para que no se aplaudan tantas mentiras ni se palmeen tantos discursos falsos, ni se disimulen las basuras, hoy por ti mañana por mí.

---

[23].- Rubio, J-L: *Europa como evasión, Iberoamérica como revolución.* Editorial Zyx, Madrid, 1968, p. 71.

Madrid de ayer a hoy

Tuvo nuestro Charly el detalle de invitarnos a salir; se trataba de una sorpresa. Estábamos en un teatro con diez o quince sillas incomodas en el último sótano del edificio, y sobre la tarima comenzó a hablar un actor que dijo ser de Albacete, y que al terminar la función de una hora ininterrumpida nos pidió por favor que le pusiéramos la máxima nota para que siguieran contratándolo. Al parecer es la forma en que los principiantes comienzan haciendo bolos. Trabajaba en una gasolinera y estaba tratando de abrirse paso como cómico.

Al salir le di un abrazo y un par de besos y se quedó sorprendido. No sé si semejante acción mía será un refuerzo terapéutico o un impulso empático por mi parte. El caso es que en total éramos seis en la sala, y para más colmo yo ocupaba la primera fila sin que el señor de Albacete me quitara el ojo de encima para hacerme cómplice del mayor espectáculo del mundo. Me costaba verdadero trabajo reírle las gracietas, y sólo estaba deseando salir de estampida a la calle, pese al sofocante calor de las cinco de la tarde torera. El espectáculo aconteció en un teatrillo del madrileño barrio de los Austrias, no lejos de La Latina, que en ese momento no estaba demasiado limpio. Mi hijo ya me había avisado de la idiosincrasia del barrio, tan turístico, aunque la suciedad no era ni mucho menos como la que al día siguiente leí por casualidad en una magnífica obra sobre Clavijo y Fajardo, el director de *El Pensador*, que paso a reproducir:

"El encasquetarse el sombrero de alas anchas y el arrebujarse en la capa no tiene otro objeto que el de defenderse del chaparrón maloliente que en muchas ocasiones cae, no del cielo, sino de algún balcón, y que viene acompañado por el grito generalmente femenino de '¡agua va!'. Los vecinos madrileños tienen la costumbre de vaciar los cacharros de agua sucia por la ventana y el grito, que debía anunciar la descarga, llega retrasado sin dar tiempo al transeúnte a buscar refugio al pie de las paredes. No solamente líquidos, sino sólidos, caen de las alturas. Por eso las calles, callejuelas y plazas de la corte, perfectamente estercoladas, se cubren en primavera de vegetación; pastan los animales herbívoros y los carnívoros, y los omnívoros aprovechan los desperdicios arrojados.

Huelen mal las calles y plazas madrileñas, muy mal; pero, según el dictamen de los sabios médicos que fueron consultados, en tiempos de los últimos monarcas austriacos, el mal olor y el vaho que exhala el estercolero ciudadano es muy conveniente para la salud pública, pues neutralizan la malsana sutilidad de la brisa que llega a Madrid del Guadarrama, trayendo catarros malignos, pulmonías fulminantes y reuma. Nada tan profiláctico para tales dolencias como media docena de perros y gatos muertos en cada plaza, regados, para que no se sequen pronto con los líquidos que se arrojan desde ventanas y balcones. Y si se añade la higiénica costumbre de cumplir con las necesidades más perentorias, de noche a la intemperie y de día metiéndose en el zaguán más cercano, se comprende que el dictamen de los sabios galenos, es completamente refrendado por los que, tomando lo que aquellos recetan y siguiendo sus prescripciones higiénicas, van en elevada proporción al cementerio.

Se dice por Madrid que el marqués de Esquilache pretende concluir con tan buenas y tradicionales costumbres. ¿Qué sabrá el siciliano de lo que conviene a Madrid? Si los vecinos tiran por las ventanas lo que estorba y los transeúntes llevan sombreros grandes y capa larga, es porque así les conviene, y los ciudadanos pacíficos no son responsables de que los maleantes hayan encontrado en la indumentaria disfraz par cometer toda clase de fechorías, y pretexto para llevar un machete colgado de la cintura, obligando a personas decentes a ceñir espada o, cuando menos, un puñal para defenderse"[24].

¡Uff! Qué suerte vivir en el siglo XXI en este Madrid villa y corte, a pesar de los numerosos inconvenientes que conlleva la vida capitalina. Para mi gusto, es mucho más dañina la contaminación

---

[24].- Baroja, R: *Clavijo. Tres versiones de una vida.* Editorial Juventud, Barcelona, 1942, pp. 119-121.

acústica que la derivada de la suciedad. Este poblachón manchego, esta verruga que le ha salido al Guadarrama, como dijera Ortega, está poblada de gentes que hablan a voces y que gritan, aunque sea por teléfono, o en una terraza tomando una cerveza, hiriéndome especialmente algunos tonos. Con un poco de suerte me quedo sordo, y a vivir que son dos días, e incluso podré volver al chiringuito para reír las gracias al señor de Albacete sin oírle en su esforzado protago/antago/deuteragonismo, dada su condición de actor único.

Aunque proveniente de Puertollano fui acogido en Magerit a los diecisiete años, y ante la necesidad de caminar para no quedarme en silla de ruedas, junto al estruendo y la muchedumbre, temo los patines y las bicicletas, que no respetan a los peatones, como tampoco éstos el sitio reservado al carril bici. Y, junto al estruendo, la muchedumbre, y los patines, me da repelús la enorme cantidad de cagadas de perro por metro cuadrado, tantas que ni siquiera pueden con ellas las motocacas del Excelentísimo Ayuntamiento madrileño. Me impresiona la forma en que socializan entre sí los dueños de las mascotas, y el melifluo piropo de los adultos a los cánidos; antes los niños servían de conversación, ahora las mascotas. Convertido en viejo cascarrabias, cada vez que veo a un perrito echando fuera los excrementos sin la correspondiente recogida de los mismos por su dueño o dueña, me acerco con aire de bobo y le digo: "por favor, se le ha caído 'eso' a su perro". En ocasiones tan inocente observación ha obtenido respuestas llenas de iracundia.

Siempre he disfrutado de la cordialidad de los madrileños, donde todos somos acogidos sin que se nos pregunte de dónde venimos, siempre he podido viajar sin excesivos trasbordos desde Madrid hacia dentro y hacia fuera de nuestras fronteras. Pero nunca me he sentido de ninguna parte. De donde estoy, de allí soy. Me gusta ser apátrida y, si ello fuera posible, pasar lo que me quede de vida leyendo y escribiendo en alguna casa rural donde el fuego no abrase y el verde pasto me abrace.

Mi capacidad de consumir kilómetros por hora ha muerto. Mi motricidad física va en declive. Pero mi agradecimiento a la vida sólo es comparable con mi deseo de pedir perdón a tantas personas como haya podido ofender. Gracias a la vida, que me ha dado tanto, de bueno, de malo, y de regular. Y gracias a ustedes, los mis amigos y las mis amigas, por prestarme su atención en el rincón de este día, que les deseo muy bueno.

Fármacos antidepresivos convertidos en predepresivos y posdepresivos

1. El ojo no se ve a sí mismo. Contra la obsesión del fotografiarse a sí mismo y de hacer cursos de meditación egológica deberíamos practicar la de/reflexión, olvidarnos un poco del ego y darnos a otros. El temor y el excesivo ego imposibilita la focalización objetiva de cuanto se anhela. Si el neurótico angustioso intenta salir de su angustia huyendo atropelladamente, el neurótico obsesivo potencia sus obsesiones combatiéndolas, y en ambos casos mal: demasiado yo tanto para alabarlo como para censurarlo[25].

La intención paradójica toma a broma al yo para recuperar su seriedad; gracias a ella el paciente llega a ser capaz de mirar con ironía su propia neurosis; lo intuyó Bernanos en su *Diario de un cura rural*: "es más fácil de lo que se piensa el odiarse; la gracia consiste en saberse olvidar", valga el ejemplo de Kant, el cual, habiendo tenido que despedir a un criado de poca confianza por su propensión a robarle, tras venirle luego grandes remordimientos y no poder pensar en otra cosa, puso en la cocina el cartel "prohibido recordar lo del criado", lo cual logró el efecto completamente contrario al bueno de Kant, tan poco parecido a Gengis Kahn.

---

[25].- Frankl, V: *La idea psicológica del hombre.* Editorial Rialp, Madrid, 1999, p. 75.

2. Olvidarse de sí mismo no es entregarnos al vacío, pues eso sería un remedio iatrogénico que enferma con lo que debía sanar. Tener tiempo libre tampoco quiere decir estar libre *de* algo, sino libre *para* algo, pues la persona existencialmente frustrada no sabe cómo llenarlo. La crisis de no pocos jubilados es una neurosis de falta de trabajo continua, pero también las hay faltas de ocupación, fluctuantes, periódicas y dominicales que producen vacío existencial: no trabajo, luego no existo.

El *horror vacui* es sobre todo horror al vacío de uno mismo, el cual no puede ser colmado con fiestas y diversiones estupefacientes, ni con barra libre para el sexo y las borracheras, que luego se desploman sobre la almohada. Este vacío pone de manifiesto un estado depresivo psicótico por indigencia espiritual. Y, aunque semejante mona se vista de seda, y cada vez más estrambóticamente, ya no es tan mona, sino una ruina biográfica.

3. El vacío es al propio tiempo afirmación, afirmación del imperio de la nada. Víktor Frankl: "ni Auschwitz, ni Treblinka, ni Maidanek fueron preparados en los ministerios nazis de Berlín, sino mucho antes en las mesas de escritorio y en las aulas de clase de los científicos y filósofos nihilistas. Nunca me cansaré de advertir, sea en el extranjero, sea en ultramar, donde quiera que sea llamado para dar conferencias, que también existen filósofos y científicos nihilistas allí donde, por ejemplo, un autor, un premio Nobel, diga que él, en

definitiva, no ve en el hombre otra cosa que minúsculos aglomerados de carbono y agua, los cuales se desintegran de nuevo en sus elementos constituyentes una vez que hayan rodado por unos decenios sobre la superficie terrestre"[26]. Homunculismo.

4. No pocas euforias programadas para llenar con garrafón el vacío existencial responden al pánico a sufrir y a afrontar el dolor, por lo que no pocos de los fármacos *antidepresivos* devienen fármacos *predepresivos*. Es precisamente esa ineptitud para el sufrimiento y para la muerte lo que más hace sufrir y más mata. El homúnculo de la pasarela, del *homo triunfans*, el escapismo, son la antítesis del *homo patiens*. Conviene que alguien diga que el triunfador supremacista sufre una patología psicosomática.

Poco enseña la vida a los supuestos triunfadores de la nada y de la espuma de la que emergen, con su ineludible cohorte de miméticos, pues el problema no es el estar enfermo, sino el modo en que se enferma y se sufre. Antes se echaba la culpa a Dios (*teodicea*), ahora se echa la culpa al mal mismo, la *patodicea*.

5. Después de la fiesta no pocos buscan más fiesta, son festivo/dependientes. ¡Qué tentador e irresistible resulta la moda de la realización y de la consumación de sí mismo, como si existiésemos sólo para calmar la angustia del vacío particular, y como si los objetos

---

[26].- *Ibi,* pp. 93-94.

que sirven para ello no fuesen otra cosa que un simple medio para lograr tal fin! Cuando el yo vaciado malogra la existencia, el beneplácito social olvida que "consumación y realización de sí mismo son el resultado de la consumación de un sentido y de la realización de un valor"[27], y que "el amor se puede definir como un poder decir 'tú' a alguien y también en poderle decir 'sí'; el amor personal tiene que adueñarse del instinto sexual de la persona espiritual, hacer de él también algo personal. Solamente el 'yo' capaz de tender a un 'tú' es capaz de integrar el ello'"[28].

Sólo de un modo condicional se comporta el humano incondicionado. Para salir de la ciénaga del Ello no debe el Yo agarrarse a las ramas del Superyo. Lástima que, en lugar de inmunizar contra el nihilismo, le inculquemos nuestro propio cinismo, mecanismo de defensa o formación reactiva construida contra el propio nihilismo. En este camino, bienvenida sea toda desgurificación. Si hemos tratado dos casos de neurastenia de la misma forma, hemos tratado mal al menos a uno de ellos.

---

[27].- *Ibi*, p. 108.

[28].- *Ibi*, p. 155.

Elpidofobia

Me tachan de ríspido, erístico y disputador, polémico. Pero la polémica no está tan mal, y además quien llama a otro polémico es el polémico: "-Don Pepito, está usted muy gordo". -"Porque no discuto". -"No será por eso". "-Pues no será por eso". Y a engordar. A poco que la verdad contraria supera la mía, me descubro, me quito el sombrero, lo agradezco. No me cuesta renunciar a tener la última palabra, y con el gozo en el cuerpo libero a la paloma que tenía secuestrada en mi palomar para que vuele más allá de mis limitaciones. Las dentelladas y zarpazos vienen cuando la fiera no se aviene a razones: "aun siendo uno solo, estoy dividido; a un tiempo muero y vivo, triste y ledo; lo que puedo no hacer, eso no puedo; huyo del mal, y estoy en él metido"[29]. Por eso copio de Juan Bautista de la Salle: "si el maestro no puede impedir que el alumno a quien ha corregido se ponga a regañar, a refunfuñar, a llorar, o a perturbar la clase, ya sea por ser muy pequeño o por falta de juicio, o por cualquier otra razón, y si el maestro advierte que los golpes no van a conseguir llamarlo al deber, sino que tal vez, por el contrario, lo tornarán más indócil, será normalmente más oportuno no castigar a

---

[29].- Guevara, M. de: *Sonetos*. Joyas Literarias, Editorial Ludus, México, 1915, p.78.

ese tipo de alumnos, y aparentar que uno no lo advierte cuando no estudian o no cumplen con su deber"[30].

Algunos golpes, y no precisamente de pecho, no ayudan a madurar cuando me hago el loco, lo que me resulta bastante fácil: negar la negación de la negación que hay en la afirmación y de la afirmación que hay en la negación: esta gitana está loca; lo que dice con sus ojos lo desmiente con la boca. Cuánta elegancia en Fray Luis de León: "no cura si la fama/ canta con voz su nombre pregonera/ ni cura si encarama/ la lengua lisonjera/ lo que condena la verdad sincera". *Non curat*, no hay que preocuparse, premio al *agatonismo* del bien superior. Sobran los pianos con las teclas de filosofía mal mezcladas con las de teología: "¿de dónde —se pregunta Descartes— nacen mis errores? De que, siendo la voluntad más amplia que el entendimiento, no la contengo dentro de los mismos límites que éste, sino que la extiendo también a las cosas que no entiendo y, siendo indiferente a éstas, se extravía con facilidad y escoge el mal en vez del bien, o lo falso en vez de lo verdadero. Y ello hace que me engañe y peque". Pues una cosa es equivocarse, y otra pecar; lo primero corresponde al entendimiento falible, lo segundo a la voluntad mala. Cuando, en lugar de pedir perdón por el mal querido, digo "usted disculpe" estoy negando la culpa (usted *dis/culpe*). La música clásica, que sólo duró cinco décadas, de Bach a Beethoven, es la más creativa, mientras que ciertos changarrillos suenan afónicos al día siguiente, no

---

[30].- San Juan Bautista de la Salle. Ediciones San Pío X, *Obras,* II, Madrid, 2001, p. 99.

son tenores, son Tenorios. Si yo hubiera sido músico filósofo, habría intentado tres acompañamientos musicales diferentes para cada una de las tres obras de Emmanuel Kant: para su *Crítica de la razón pura,* a Ludwig von Beethoven, por su solidez matemática; para la *Crítica de la razón práctica,* a Johan Amadeus Mozart, por su rebeldía *Sturm und Drang*; para *la Crítica del juicio,* a Juan Sebastián Bach, por sus fugas. Beethoven. Mozart y Bach, y al fondo mi *musikós* eternamente amado, Juan Luis Ruiz de la Peña. El trivio música-poesía-filosofía es *misión.*

Para responder a aquella buena mujer de cuarenta y nueve años que esperaba de mi curso "que usted me sorprenda" primero me revestí con mis capisallos de trovador juglar, luego acaricié mi lira oral, y finalmente me callé: ¿cómo hablarle de la técnica trascendental, kantiana, de la esplendorosa explosión de Liszt, de la novedad gloriosa de Chopin, de la sorprendente creatividad de Schumann, y del rumor de todos los ángeles? La música ahuyenta la desesperanza, que en griego se llama *diselpidia,* y cuando se agrava *elpidofobia.*

Ahora bien, no todos los valores están al alcance de los más fervorosamente embrutecidos, que se limitan a posibilitar una relación sensual inmediata e igualitaria con personas, animales y cosas, llegando al extremo de no percibir las diferencias ni las jerarquías entre esos reinos: axiología plana, sin relieves. Entonces los valores degeneran en ideologías (axiologías deformadas), falseamientos de la realidad conceptual. La ideología convierte en pollito de corral al nacido para águila, se acabó toda inteligencia empática. Cuando ésta falta, el individuo deviene licántropo, misántropo y anántropo, la desolación axiológica. Nada hay más negativo que no querer crecer como personas. El animal valioso posee una prueba irrefutable respecto de su propio sí mismo: que sufre por los valores no realizados y por los realizados mal.

Las personas no son convidados de piedra ante los valores, que tampoco caen de árboles maduros; nosotros arriesgamos *en-hacia* ellos, que no pertenecen a un cosmos eidético sobre una nube, ni se guardan en un reservorio que se abre exclusivamente con una llave que yo tengo. Erraba Bernanos cuando aseguraba "mi única tristeza es la de no ser santo", pues quien aspira a ese nirvana estará triste. Ser perfecto es algo mucho más modesto: un sencillo acoger la imperfección y seguir adelante trabajando contra ella. Sólo el Padre celestial es perfecto, y nadie más. Perfeccionarse es llegar a ser quien uno debe llegar a ser siguiendo la perfección. La axiología reconoce las limitaciones humanas, pues no siempre se puede más; los ideales no tienen un límite, pero las personas sí. Hablamos por boca del ideal, de lo que nos gustaría ser, pero actuamos conforme a la realidad de cómo somos, sin querer ser más.

Uno puede llegar tan lejos como no imaginó, pero el resentido no sólo va contra los ideales que él mismo defendió antes, sino también contra lo que no sabe resolver, es decir, contra sí mismo. El blasfemo escupe sobre sí mismo cuando dirige su baba contra lo alto. En todo insatisfecho e incompetente puede haber un *blasfemo*, en griego "falseador de la verdad". En eso consiste la inteligencia disociativa, pero sólo golpeando en la fragua del yo de mínimos se forja un yo de máximos.

Siento vergüenza por las sandeces dichas en una y otra trinchera. La semilla trillada del ditirambo, lo egregio fosforeciendo en la mesocracia de lo vulgar, malos son estos consumidores de creatividad, pero aún peores quienes quieren que el payaso se suba al alambre y monte allí su circo para distraer; para otros el mundo es un gran teatro con derecho a butaca de patio y palomitas de maíz. Se compran joyas sólo para lucirlas ignorando que, cuando el joyero quiere probar una joya, en el roce contra la piedra conoce su figura; sabe el joyero que no es el borotalco ahumado, sino el diamante, la más preciosa de todas las piedras porque en el combate contra la nada es la más fuerte. Pero la inmensa mayoría vive ajena a la búsqueda personal queriendo que en su corazón vivan la alegría y la felicidad, no advirtiendo que se trata de algo totalmente distinto.

Existe una alegría sobre la que no se tiene ningún dominio, que viene y se va a su antojo, y por eso nuestra actitud para con ella tiene que ceñirse a recibirla cuando viene y a resignarnos cuando se va. Y existe otra a la que podemos dar cauce, una alegría que todos podemos poseer, una alegría independiente de las horas felices o amargas, de los días vigorosos, o de los abrumados por la fatiga, que halla el sentido del ser exterior en el ser personal. Es ahí donde se dan pasos de gigante, y no en los del titiritero caprichoso; es allí donde vibran los sonidos del silencio, en ese monódico canto gregoriano que es armonía de las estrellas celestes y a la vez latido de cada uno de los corazones, canto a varias voces sin instrumentos -a capela, en la capilla- y con una riqueza única.

Aflige ver enseñar "creatividad" tan tonta como la de "investigar" si niños y niñas son niñas o niños, o ambas cosas, o niñas cuando van al colegio y niños cuando regresan del colegio, o niños hasta una cierta edad en que la mutación cambie la colita por la rajita. Menudo gatuperio el de la identidad de género para agarrar la bandera del género y la correspondiente supremacía sobre el varón domado (o a la inversa). Así no van a encontrar trabajo estos pelafustanes de culo pelado: "cuando un hombre se mira mucho a sí mismo, llega a no saber cuál es su cara y cuál su careta", dijo Pío Baroja. Esa violencia del espejo se da también cuando el cristal en que uno se mira es el de la tribu de los ídolos. El adolescente óptico se pierde mirándose todo el santo día en el espejo. Queriendo atrapar su identidad, la difracta, pues la reflexión excesiva sobre la actuación del yo paraliza la serenidad descriptiva de la realidad. Quien quiera blindar su vida la perderá. La belleza del espejo, terror desiderativo difícil de soportar, sólo es superable si uno se deja mirar desvaneciéndose, no envaneciéndose.

Mirarse mal en un espejo puede llevarnos a mal puerto. Los discursos inflacionarios del espejo, la eterna presunción de la mirada, nada evita esa conmoción de la identidad entre el espejo cóncavo y el plano. Hay que elegir entre la mirada idólica y la mirada icónica o latréutica. La primera se incurva sobre el propio yo negando todo lo demás, y por ello deviene disgregadora; la segunda deja aparecer a los demás cuando se mira a sí misma, es simbólica, congrega. La línea recta de la razón fría es una cárcel donde los héroes mismos se aburren; hasta las águilas pierden su altura, y su herida, lejos de sanar al aire libre, se cierra en falso por tedio; de tanto espejearnos olvidamos que ver es también ser visto.

Hay quien no tiene esperanza aunque quisiera, y quien no la quiere aunque la tuviera, lindando con la des/esperación o carencia de pies sobre los que asentarse (*super pedem spes*). La elpidofobia surge cuando tener esperanza resulta peor que no tenerla. Supongamos que alguien con cáncer dolorosísimo vive en un puro grito, o que se halla tetrapléjico y desea morirse por encima de todo. Algunas personas prefieren la eutanasia o el suicidio porque no les merece la pena fijar su esperanza en alguna posible curación remota luego de un sinfín de esfuerzos y sufrimientos.

Pero la esperanza no es lo último que se pierde. Existen tres miradas, la del *homo fobicus,* la del *homo patiens* y la del *homo labilis*, que a veces se acuesta hacia la fobia y otras hacia la esperanza, que no está donde tendría que estar. El error básico de la psicología materialista está en considerar la esperanza como un proceso meramente biológico hormonal o, como aseguraban los clásicos renacentistas, de los "humores", de las bilis y de su atrábilis. Este reduccionismo psicológico conlleva un reduccionismo antropológico.

Hay destrozados sobre el asfalto porque se han arrojado por la ventana o se han descerrajado un tiro en el paladar. Desgraciadamente hace unos meses lo he padecido con el líder siempre alegre y ejemplo de virtudes amistosas no apareció el día en que nos tocaba pasear juntos en grupo, y tras una serie de batidas apareció en el patio de luces de su vivienda: ninguno del grupo ni fuera del grupo lo hubiéramos sospechado remotamente. Y hay quienes, en las más graves tribulaciones, resisten las ofrecen por la humanidad. Su existencia es ofrecida, donada: "el Señor es muy bueno conmigo". Son vidas que pareen imposibles, pero son ejemplares. El *homo sapiens et patiens*, con su audacia para el sufrimiento, sufre mal si su padecimiento no ayuda a nadie. El sacrificio puede dar sentido a la misma muerte, el mero instinto de conservación no.

La verdad sospechosa y el careo

Monos sapiens son los *homo sapiens* que se creen mejores haciendo imposible crecer a los mejores. No pocos, para evitar que se les escape su verdad, la agarran tan fuerte que terminan ahogándola, algo característico también de ciertos ateos que matan a Dios por miedo a que Dios los mate a ellos. Un decreto de la Inquisición española ordena en 1559 quemar una nutrida lista de escritos espirituales, cómo sería la cosa que Santa Teresa, ávida lectora desde su niñez y harta de aquella beatería enfermiza, se lamenta: "cuando se quitaron muchos libros de romance ordenando que no se leyeran, yo sentí mucho, porque algunos me daba recreación leerlos".

Pobre rey Don García, que espera que el crápula de su hijo Don Beltrán diga la verdad: "-*Don Beltrán*: Mentís. -*Don García*: Quien dice que miento yo, ha mentido. -*Don Beltrán*: También eso/ es mentir, que aun desmentir/ no sabéis sino mintiendo. -*Don García*: Pues si dais en no creerme… -*Don Beltrán*: ¿No seré necio si creo/ que vos decís verdad sólo/, y miente el lugar entero?/ Lo que importa es desmentir/ esta fama con los hechos…/ Que nacisteis noble, al fin,/ y que yo soy padre vuestro:/ y no he de deciros más/, que esta sofrenada espero/ que baste para quien tiene/ calidad y entendimiento"[31]. El bueno de Don Beltrán echa un rapapolvo a las verdades sospechosas de su licencioso hijo, pero eso porque cree en la verdad mucho más de lo que su hijo cree en la mentira.

Las verdades sospechosas son el río que no cesa: -"*Gutiérrez*: ¿Qué contiene aquel papel fijado en la puerta? -*Mesa*: conclusiones físicas y teológicas, unas problemáticas, otras afirmativas, otras negativas que se han de defender e impugnar en esta cátedra de Teología en martes, o la feria tercera, como dicen los escolares. -*Gutiérrez*: ¿son acometidos con mucho vigor los que descienden a la palestra para defender las conclusiones? -*Mesa:* terriblemente, y es tal la disputa entre el sustentante y el arguyente, y de tal modo vienen a las manos, que no parece sino que a ambos les va la vida en ello. En asiento elevado está, con muceta y capirote doctoral, insignia de su grado y dignidad, uno de los maestros, a quien tocó el puesto según las constituciones, y es quien dirige la controversia y aclara las dudas: presidente del dictamen y juez de la disputa"[32]. Los de muceta y capirote investieron doctor *honoris causa,* por causa de su honor, al currutaco Mario Conde en la Universidad Complutense, luego convertido para mofa y befa pública en tortilla de arriba, porque

---

[31].- Ruiz de Alarcón, J: *La verdad sospechosa*. Acto I: La cena del Manzanares. Editorial Trillas, México, 1962, p. 174.

[32].- Cervantes de Salazar, F: *Diálogos*. Editorial Academia Mexicana, México, 1970, pp. 61- 62.

—como dicen en México- todos la manosean y ninguno se la queda.

Cuando dos son sometidos a un careo para desenmascarar al verdadero culpable, éste se emboza más que los espadachines del motín de Esquilache. La antítesis del rostro, faz, o cara es el anti/faz que evita dar la cara. Por eso todos evitamos el careo. ¿Podemos *carear,* o sea, encarar una cara, o imaginar un rostro sin espejo ni edad, sin fecha ni hora, en la nuda esencia de lo que suponemos que es? Los espejos convexos de la tardía Edad Media permitían esas anamorfosis alegóricas o deformaciones extrañas que tanto fascinaron en el Renacimiento, atestiguadas en muchos cuadros, y que todavía aparecen en esos juegos de espejos de ferias que tanto divierten, especialmente a los niños. Es el espejo plano, de reducidas dimensiones, el que inaugura el juego pictórico del autorretrato, y que va a proliferar en el Barroco, a pesar de la oposición de los severos moralistas que ven en el retrato el cebo de la vanidad, del amor propio, de lo que denominaban amor de sí: "la moda de hacer el propio retrato es el mayor servicio que se haya granjeado en nuestra época al amor propio"[33]. Incluso Shakespeare abroncó a quienes dibujaban los rostros obviando las arrugas, como si de rostros eternos se tratase: "mi espejo vanamente me dirá, y aquí está la automedida/ que soy viejo mientras la primavera y tú/ tengáis la misma edad", algo sobre lo que vuelve Sor Juana Inés de la Cruz:

[33].- Pelegrín, B: *De un tiempo sin cuenta a un tiempo contado y comparado.* In *El barroco hispano como modernidad-otra.* Revista Pensamiento, Madrid, 2022, pp. 1615-1616.

"con falsos silogismos de colores pretende/ excusar de los años los horrores/ y venciendo del tiempo los rigores,/ triunfar de la vejez y del olvido".

Si existiera algún careo de nuestra cara o rostro capaz de informarnos objetivamente de la propia realidad, sería el espejo de la muerte: "trabajosa cosa es la muerte, pero docta. ¿Quieres ver cuánta sabiduría se enseña en aquel postrer suspiro? Que él sólo desengaña al hombre de sí mismo y él sólo confiesa lo que es el hombre y lo que ha sido"[34]. Lejos de negar el valor de la muerte, y de la posibilidad de hablar de ella, como lo pretendía Benito Spinoza ("el hombre libre en ninguna cosa piensa en menos que en la muerte"), a Quevedo no se le cae de la boca el vocablo *muerte*, por considerarlo pedagogía esencial.

También Cervantes lucha contra el engaño en *La gitanilla*: "si quisiéredes ser mi esposo, yo lo seré vuestra pero han de preceder muchas condiciones y averiguaciones primero. Primero tengo que saber si sois el que decís". Pura prolongación de Descartes; si a éste le bastaba superar la duda en favor de la veracidad del yo, a Cervantes también le resulta necesario desenmascarar el tú, como lo escribe en *El juez de los divorcios*: "en los reinos y en las repúblicas bien ordenadas, había de ser limitado el tiempo de los matrimonios, y de tres en tres años se habían de deshacer, o confirmarse de nuevo, como casas de

---

[34].- Hoyos, I: *Quevedo y la recepción moderna del estoicismo*, p. 1446.

arrendamiento y no que hayan de durar toda la vida con perpetuo dolor de entrambas partes". Esta desconfianza, esta falta de esperanza en el tú se ha acentuado en nuestros días, en los que cada noche se duda de la posibilidad de la siguiente.

El problema es que superar la desconfianza respecto del tú exige conocer su idioma más íntimo. Por saber idiomas, el trujimán o intérprete podía mediar en la conversación con extranjeros, de ahí el privilegiado poder que podían acumular los herméticos trujimanes. Se sabe que, en el primer viaje de Cristóbal Colón en busca de las Indias, se embarcaron algunos intérpretes de árabe y hebreo aunque, naturalmente, no tuvieron ocasión de desplegar sus conocimientos. Ni siquiera los "indios" eran tales como parecían porque no hablaban ni árabe ni hebreo, de ahí que algunos procurasen su desaparición: antes muertos que incognoscibles.

Si las cosas son incognoscibles, ¿será porque la vida es un sueño cuya realidad no admite careo? En francés hay dos palabras para sueño: *rêve* y *songe*. La primera presupone estar dormido y desconectado, mientras que la segunda connota un pensar despierto o ensoñación. Pero el concepto connota lo mismo: que ninguno de ellos admite careo fácilmente, pues los rostros se esfuman con el despertar.

Los artistas crean, sueñan, no carean. El arte es una modalidad del sueño, pues enmascara la realidad al recrearla y convertirla en algo que no es ella. Arte, sí; pero sin olvidar que hay un arte ideal propio de los dioses, otro medio o noble para los héroes y los genios, y otro bajo o vulgar para el resto, especialmente para los amigos del propio endiosamiento. En ninguno de los tres casos podría brotar la poesía exterior sin la interior, gracias a cuyo impulso los espíritus creativos visten todo con su fermosura. La belleza artística contiene un impulso de refundación del mundo, lo cual no se da sin desengaño y sin lucha a fondo contra lo feo, especialmente en tiempo de crisis, en lugar de cualquier tipo de refugio en el Aventino.

¿Se ha vuelto de derechas la asertividad? Las fucks news

Las *fucks news* son mentiras tuiteadas, recursos de los *mass media*, la oficina donde se fraguan las industrias de la conspiración. Los mitos son los medios de comunicación cuyos fines se tejen en el telar de Satanás. Los mitos son las aspiraciones de quienes, por miedo a ser vistos como son, aparentan lo que no son, *ego sum imperator*. Los mitos son los dictámenes de birrete y toga agrupados bajo el lema "la ley es igual para todos", con ramitos de flores sobre la mesa de los jueces, tan parecidos a los tribunales de la isla de Guadalupe, donde los litigantes, para alejar a los zombis, lanzan huevos podridos contra el palacio de justicia y se orinan en un rincón de la sala de la audiencia.

Pero los mitos respetables se envuelven con un ropaje extraño sin hacer dejación de su voluntad realista y se expresan en lenguaje alegórico (narrativo indirecto). ¿Por qué?, ¿porque carecen de las necesarias nociones abstractas con que expresar sus convicciones?, ¿para presentarlas más persuasivamente?, ¿para mantener lejos a los indignos que pretenden apoderarse de las verdades?, ¿para incitar a la colaboración mediante difíciles especulaciones?, ¿para adaptar la mentalidad comunicante al auditorio?, ¿para mostrar alegóricamente la exuberante riqueza de lo narrado?

El mito de hoy no cuenta la verdad: la historia verdadera sólo mentira. "Entiendo por humanismo el conjunto de discursos mediante los cuales se le dice al hombre occidental: 'si tú no ejerces el poder, puedes sin embargo ser soberano. Aún más, cuanto más renuncies a ejercer el poder y cuanto más sometido estés a lo que se te impone, más serás soberano'. El humanismo es lo que han inventado estas soberanías sometidas: el alma (soberana sobre el cuerpo, sometida a Dios), la conciencia (soberana en el orden del juicio, sometida en el orden de la verdad), el individuo (soberano titular de sus derechos, sometido a las leyes de la naturaleza, o a las reglas de la sociedad), la libertad fundamental interiormente soberana, interiormente consentidora y 'adaptada a su destino'. El humanismo es todo aquello que ha obstruido el deseo de poder en Occidente - prohibido querer el poder, excluida la posibilidad de tomarlo-. En el corazón del humanismo está la teoría del sujeto, en el doble sentido del término. Por eso el Occidente rechaza con tanto encarnizamiento todo lo que puede hacer saltar ese cerrojo de dos maneras: ya sea por des/sometimiento de la voluntad de poder (la lucha política), ya sea por un trabajo de destrucción del sujeto como falso soberano: supresión de tabús, de limitaciones y de separaciones sexuales; práctica de la existencia comunitaria; desinhibición respecto a la droga; rupturas de todas las prohibiciones y de todas las cadenas mediante las que se reconstruye y se reconduce la individualidad normativa"[35]. En esa apología de la adicción, en esa ausencia de normatividad, en todo ese bodrio deconstructor ha sido nutrida la peor época para la inteligencia.

Y fueron muchos los émulos de los émulos. Ellos, los seductores, se subieron al carro de los seducidos (mayistas desmayados del 68 y jipis devastados); la impostura académica burguesía maneja bien esa falsa casualidad circular del crimen perfecto: los alumnos gansos hablan por las bocas de ganso de sus maestros gansos, y estos por la de sus alumnos gansos, todo un ejercicio de ventriloquía. Los papás hijos de papá Foucault presumen: "nosotros queremos tanto a nuestros hijos, que lo único que nos importa es que sean felices". Pues han llenado las líneas del cartón, ya pueden cantar bingo. Cuánto sufrimiento por elevar el gozo a principio primero "cuando la universal prescripción moral de la coherencia tiene su propia peculiaridad: que es más favorable a los tiranos que a los poetas pobres"[36].

Según parece, la asertividad se ha vuelto de derechas, dogmática, intransigente, pero esto es una verdad mentirosa (pos/verdadera) porque todos defendemos cosas incluso sin querer

---

[35].- Foucault, M: *Microfísica del poder*. Ediciones La Piqueta, Madrid, 1978, pp. 54-55.

[36].- *Ibi*, p. 110.

defenderlas. Quienes hoy afirman de algo que es "complicado" en lugar de difícil y sin solución, un oxímoron como hierro de madera, olvidamos que lo complicado no evita analizar lo complejo, sino que exige más esfuerzo. Más que las verdades objetivas nos atraen las incertidumbres, la parte chamuscada de nuestra subjetividad. Lo in/vero/símil (*in/vero/similis*) lo no parecido a lo verdadero. Cuando las in/certidumbres no ciertas son certi/ficadas, convertidas en ciertas tenemos una vida sin verdades verdaderas, intercambios de cromos, o gritos para taparle la boca al otro, o etiquetas confortables.

La engañótica, placebo de la ansiedad

La ansiedad a gran escala es un fenómeno psicológico relativamente nuevo que surge con la revolución industrial y con la universalización del trabajo en cadena durante estresantes jornadas fabriles. Esto ha deslocalizado a los individuos, necesitados de un proceso de acomodación laboral permanente. Dedicamos lo mejor de nosotros a las empresas para las que trabajamos en un incesante proceso de readaptación. Las mudanzas frecuentes de residencia, las incertidumbres y la volatilidad de un trabajo precario, el escaso tiempo de convivencia intrafamiliar, los contactos con un mundo abierto al horizonte de los deseos a través de las redes sociales, alteran: "nuestra sociedad está condicionada por los usos tecnológicos abusivos, en el cuidado salud, que alimenta la medicina del deseo con expectativas tecnológicas exageradas desde un optimismo patológico forzando prestaciones sanitarias, costosas y poco eficientes. Esa falta de medida, mesura y humildad está enmarcada por la existencia de sociopatías vinculadas al ansia y a estados de ignorancia y mediocridad. Esta sociedad tiene disnea o disfagia: no entran en ella el aire ni el alimento, que determinan a manera de síndrome alteraciones de la percepción del entorno, del pensamiento, la voluntad y la memoria. Nos hemos convertido en ansiosos tecnológicos, cuando lo adecuado sería utilizar la tecnología en un contexto social, político, ético y filosófico, propio de una sociedad que desea ser más culta y más justa"[37].

La vida psíquica desbordada ha alterado también el orden de los afectos y se ha traducido en una disminución de la duración en la relación de pareja. La desazón vital produce sentimientos de abandono e inseguridad. Vivimos dentro de un *universo engañótico*, en una *engañología* entre la perplejidad y la insinceridad, con la subsiguiente carga de frustración y de desprecio de sí en las horas bajas. Los usos tecnológicos abusivos en el cuidado de la salud llevan a pedir de los profesionales ejercer la medicina del deseo, alimentada por expectativas tecnológicas exageradas y exigidas por pacientes y usuarios, desde un optimismo patológico y forzando prestaciones sanitarias, costosas y poco eficientes. Esa desmesura sociopática genera disnea o disfagia: no entran en ella el aire ni el alimento, síndrome de la falsa percepción. Vivimos dentro de un *universo engañótico* con una engañología entre la perplejidad, la insinceridad y el autoengaño. El proceso se desliza como el fuego y la lava de un volcán ansiogénico, cuyas fumarolas son:

a) Enormes campañas publicitarias para vender aparatos y sistemas

---

[37].- Bandrés, F: *Tecnología y humanización de la asistencia sanitaria.* Editorial Mounier, Madrid, 2021, pp. 42-43.

producen consumidores compulsivos en todas las clases sociales, que cada vez necesitan más y más nuevo, última generación y gama elevada.

b) Estimulados por esa publicidad, los robots se convierten en interlocutores: un robot y un perro solucionan muchos problemas relacionales. Ahora los raritos son quienes no tienen ningún robot, ningún perro, o ningún teléfono móvil.

c) Cuando nos vemos engullidos por la dependencia generada por el uso compulsivo, recurrimos a interminables terapias de mantenimiento, de "vuelta a la normalidad" (normalidad que tal le parece al anormal). Ya que no podemos derrotar a la dependencia, nos aliamos con ella procurando controlarla. Las terapias banales, interminables y rentables para el terapeuta manipulador entretienen las agendas vacías.

d) Correlativamente, los gobiernos encargados de la salud mental se muestran condescendientes, "comprensivos" con cualquier situación psico/pandémica, pues temen perder votos si intervienen correctivamente en Sodoma y Gomorra. Ante la red engañótica, fábrica de pensamiento único, ofrecen el consuelo de *Mammona*.

e) Los atrapados en la tela o red de araña se engañan creyendo que la romperán cuando lo deseen: "a muchos sucede lo que al caminante, que en tiempo de lluvia se encuentra con un arroyo, que pudiera pasar de un salto; y diciendo, adelante lo pasaré, mientras baja más abajo, lo halla mayor y con más agua, y no lo puede pasar"[38].

f) La sumisión inventa un *deus ex machina* para que barra el mal del escenario al modo de las tragedias griegas: el tecno/panteísmo con formato de agatonismo bondadoso e inocente: disfruta de la vida y ayuda a otros a vivir una vida digna de ser disfrutada. Ahora bien, como no se dice cómo deba ser disfrutada, a esta pluripotencia de tecno/caprichos la denominamos tolerancia, segundo mandamiento del panteísmo tecno del *ciborg*, hombre/máquina al acecho que es la palabra de las dos mentiras, pues ni es hombre ni máquina.

Tales degradaciones son recuperadas por maestros papanatas: "amar es poseer una libertad", "una libertad poseída ya no es una libertad", "el amor es insensato", "amar es querer que me amen, por tanto querer que el otro quiera amarme. Por consiguiente, el amor es constante envío al infinito, engaño". Premisa mayor reduplicativamente falsa. Conclusión falsa. Y todos contentos: "Pensando que no veía/ Porque Dios no le miraba/ Dijo Abel cuando moría:/Se acabó lo que se daba". Sartre, sin referencia paterna, detestando a su abuelo, con una madre distante que llora, pues no quiere "ser mirado como feo, pequeño, cobarde". Uno de sus personajes exclama: "ved lo que se oculta tras las narices, en la garganta, en el vientre, por

---

[38].- Mañara, M: *Discurso de la verdad*, parágrafo VIII.

todos lados porquería, ¿cómo podemos desear tener en nuestros brazos un saco de excrementos?". Que los hombres mueren y no son felices, que el infierno son los otros, que los muertos carecen de sepultura, nada de ello impidió a Sartre yacer con medio país: fama y cama. Entre lo peor de aquel existencialismo barato y lo mejor de esta re/modernidad los maestros están de baja laboral con depresiones.

El seductor posmoderno no necesita tanto empeño como el Tenorio, que emplea un día para conquistarlas, otro para amarlas y otro para abandonarlas, sino el hombre que abandona, cuya característica no es la conquista, sino la huida, ese osito de trapo con que el infante se consuela del alejamiento materno en el parvulario; empero, cuando la escuela amputa todo sentido, cuando está entre el dogal de la soga al cuello y el ronzal que conduce al matadero, es cuando más se necesitan maestros.

Demasiadas verdades, todas mentira

Desde luego no estoy orgulloso de ello pero, buen español en lo peor, nunca he dejado de mentir a lo largo de mi vida, así que no sé qué valor moral ni conceptual podría tener el decir lo contrario para de este modo estar en la disposición de escribir con verdad, ya no está uno para tanta captación de benevolencia ajena. Esta tesis, sobre la cual he escrito no poco, podría complicarse conforme a la lógica del silogismo bicornuto: "te digo la verdad, te estoy mintiendo", o "te digo mentira, te estoy diciendo la verdad". Ambas formas de defender la dizque verdad no pasan del cantinfleo lingüístico. Se hacía una colecta en la Academia francesa; faltaba un escudo de seis francos o un Luis de oro. Se sospechaba que uno de los miembros, bien conocido por su proverbial avaricia, no había contribuido. Después que el sujeto sostuviera haber contribuido, pero el encargado de la colectaba asegurase "no lo vi, pero le creo", Monsieur de Fontenelle zanjó la discusión: "yo lo vi, pero no lo creo". Eso sí que es duro.

Con las verdades a medias y con sus medias mentiras, entre bobos ande el juego, decir alguna verdad sería como darle de golpe cuatro litros de agua helada al náufrago que en alta mar ha pasado sin

beber una semana: reventaría, no podría soportarlo. Como dijo
Franco al morir el almirante Carrero Blanco, "no hay mal que por
bien no venga", ni mentira que no sea provechosa. A la verdad la
pones en una escalera y no sabes si sube o si baja, cómo me gustan
las parodias de Fray Gerundio de Campazas. Mejor regresar a casa
vivos *cum scuto* aunque sea mintiendo, que regresar muertos *supra
scutum* por haber dicho la verdad sin arrugarse. El error también
miente, dada su ignorancia, culpable o inocente. Escudarse en la
ignorancia para mejor disculparse viene a ser además un arte
sofisticado. Para pocos mejor callar que desorientar.

Tenemos horror a la verdad que amenaza con tirar de la
manta, entonces Quinto se Levanta y huye al Tibet, a Portugal, o a
Kuwait. Hay que sujetarse los machos para poder afrontar los pitones
de la verdad a cuerpo torero sobre el albero del ruedo, por lo cual nos
encontramos dispuestos a culpar al lucero del alba por su claridad
lumínica cuando necesitamos oscuridad. Hasta Sócrates fue cabeza
de turco para satíricos envidiosos como Aristófanes, que en su libro
Las nubes plantifica en ellas insidiosamente al maestro de maestros,
pese a la eximia dignidad del mismo.

Ni siquiera las verdades a medias, por muchas que fueren,
suman una verdad entera, por lo cual ponemos la mitad de la mentira
a fin de que el otro se imagine la otra media, cambalache críptico con
olor a algo podrido en Dinamarca. Hoy por ti, mañana por mí, y

amigos para siempre: "en Jaén, donde resido, /vive don Lope de Sosa, /y direte, Inés, la cosa / más brava de que has oído. /Si es o no invención moderna,/ vive Dios que no lo sé; /pero delicada fue/ la invención de la taberna". Mester de clerecía unas veces, mester de progresía otras, al final Asunción, Asunción, échale vinillo al porrón. De los más penosos pillos es propia la versificación en cuatro estrofas de versos alejandrinos con cesura en la sílaba séptima, y de rima consonante, los tetrástrofos monorrimos: "quiero fer una prosa en román paladino,/ en cual suele el pueblo fablar a su vecino,/ ca non so tan letrado por fer otro latino, bien valdrá, / commo creo, un vaso de bon vino".

Por otra parte, el pusilánime cae siempre en la cobardía por su pavor al verdadear. ¿La verdad? Yo nada vi, yo nada oí, busquen a otro; no hay que exagerar, él solamente la mató un poquito porque era suya. Nunca las verdades son aquí verdades fuertes, para qué si vamos a morirnos, aunque sea de tedio. Los pusilánimes no prefieren una cólera impura antes que una resignación indiferente, maestro Gandhi, ellos se entregan a lo yóguico y tántrico para reblandecer la potencia de la verdad y así tragar gato por liebre conforme a la nueva dietética. En un mercadillo contiguo se compra/vende escepticismo malo a dos reales, arrogante y despectivo cuando proclama que *a)* nada existe, *b)* si existiera no sería cognoscible, *c)* si existiera y fuera cognoscible resultaría incomunicable. Tal parece que el gato con botas de siete leguas hace un flaco favor cognoscitivo al marqués de

Carabás, convertido de tal guisa en una cotorra que enfatiza cuanto ignora.

Y lo siento mucho también por mi poeta favorito porque al mismo tiempo que la suya rechaza también la verdad mía: "la verdad es la verdad, y ven conmigo a buscarla, la tuya guárdatela". En ese momento prefiero al romancero clásico: "yo no digo mi canción sino a quien conmigo va". La persona es dialógica incluso cuando *duelógica*. Si del dúo falta el duelo falta todo. La verdad, esté donde esté, o incluso aunque no la encontrásemos, habríamos de seguir buscándola. A quienes insisten en por qué seguir buscándola, suelo responderles: ¿y por qué no? La verdad es dialéctica trascendental kantiana. Aunque Dios no existiera, la búsqueda de la verdad seguiría siendo una obligación, siquiera por dignidad. Necesitamos razones para la verdad por honor a ella misma; si no existiera, habría que inventarla.

De nada sirve dejar enfriar la mentira porque la verdad dañina en caliente queme sin cauterizar, aunque en ciertas ocasiones pueda resultar necesario dar su espacio al tiempo para que él coloque las cosas en su real espacio, sin desconsiderar que, así como una justicia tardía es una injusticia, así también una verdad a la que se aplica durante demasiado tiempo la ley de hielo termina siendo una mentira. También una verdad tardía es una mentira, aunque se la pueda dejar enfriar si la verdad en caliente quema que se las pela. Tampoco sirve la posición integrista "lo bueno es íntegramente y sin defecto alguno y lo malo íntegramente malo", pues no pocas veces verdad y mentira se encuentran tan entrelazadas que, aun no siendo lo mismo, lo parecen. En semejantes situaciones solemos creer lo que nos dice la persona de la cual nos fiamos, la verdad es más verdad si nos la dice un amigo verdadero. En eso radica la preferencia de la certeza sobre la verdad. Para la persona decente, el mentir mismo es ya un infierno.

Los tres géneros literarios épico, lírico y dramático buscan la verdad, aunque son una tripartición desafortunada por incapaz de encontrar el temple en la mezcla tensa de los tres dando a cada uno lo suyo. Pero muy pocos valorarán ese empeño y te dirán que estás convirtiendo la verdad en un sermonazo: "prepararon las bodas, tomaron bendiciones, /todos hacían por ellos las preces y oraciones; / hicieron tantas fiestas y tan grandes funciones/ que no pueden contarse ni en charlas ni en sermones"[39]. Pero, si existe, la verdad tiene que ser más sencilla. Tampoco es de recibo la sentencia *in vino veritas*, aunque hasta el mismísimo Kierkegaard, el hombre más amargado y enemistado con la historia que conozco, lo escribiese sobre su propia chepa, *la verdad está en el vino*. Mucho vino habría que tomar, pero cuanto más, peor.

Si existiera una verdad objetivamente demostrable sabríamos a qué atenernos: "mi padre tenía un estupendo bigote negro que se

---

[39].- *El libro del Apolonio. Mester de clerecía.* Editorial Coculsa, Madrid, 1980, p. 42.

echaba para abajo. Cuando joven le tiraban las guías para arriba, pero, desde que estuvo en la cárcel, se le arruinó la prestancia, se le ablandó la fuerza del bigote, y ya para abajo hubo de llevarlo hasta el sepulcro"[40]. En fin, lo que no puede faltar es el humor como aceptación de la propia finitud, especialmente cuando nos falta del todo la objetividad, eso que algunos llamaban "la adecuación del intelecto con la cosa", especialmente cuando padecemos rituales neuróticos: "el niño Raúl, preocupado por sus orejas, pasaba largos baches de tristeza y de depresión. -¿Qué te pasa, por qué estás con esa cara?, le decía su padre a la hora de comer. -Nada, lo de las orejas, contestaba el niño Raúl con el mirar perdido. El niño Raúl, a fuerza de mucho pensar, descubrió que la mejor manera de medir las orejas era con la mano, cogiéndolas entre dos dedos, las dos al mismo tiempo y llevando la medida a pulso un momento por el aire -¡por un momentito no había de variar!- para ver si casaban o no casaban. Lo malo del nuevo procedimiento fue que, contra todos los pronósticos, no resultaba de gran precisión, y la oreja izquierda, por ejemplo, tan pronto aparecía más grande como más pequeña que la oreja derecha. ¡Aquello era para volverse loco! El niño Raúl empezó a prodigar las mediciones, a ver si conseguía salir de dudas, y hubo días -días excepcionales, días de suerte y aplicación, días radiantes- en que llegó a medir las orejas tres mil veces. Los movimientos del niño Raúl para medirse las orejas eran ya automáticos, eran ya unos movimientos casi reflejos, y el niño Raúl llegó a tal grado de perfección, que se

[40].- Cela, C-J: *La familia de Pascual Duarte*. Editorial Coculsa, Madrid, 1981, p. 12.

medía las orejas como hacía la digestión, o como le crecían el pelo y las uñas, o como crecía todo él, que era un niño larguirucho, desangelado, desgarbado"[41]. En fin, que si supiésemos conjugar verdad y humor seríamos más capaces de compasión, fuese el nuestro mester de clerecía, de juglaría, o de caballería: "mester y trago fermoso, non es de joglaria;/ mester es sen pecado, ca es de clerecía;/ fablar curso rimado por la cuaderna vía/ a silavas cuntadas ca es grant maestría"[42].

---

[41].- *Ibi*, pp. 40-41.

[42].- Cfr. Sáenz, J-L: *Historia de la Abadía de san Millán de la Cogolla*. Monasterio de Yuso, La Rioja, 2018.

Robots nanóticos y cultura de la algarroba

Las fronteras de la cultura del silicio siguen avanzando. El robot japonés Sam -denominado robot monje- ora a pie de ataúd mientras los deudos del finado mataban su pena en las discotecas. Duelo cumplido, cien euros otorgan a una máquina el poder de dar abrazos a los vivos que se le acerquen en pos de consuelo por sus difuntos. El negocio de la afectividad robótica es un claro caballo ganador en las apuestas de Eaton. A nadie extrañará que un traductor al que se mata de hambre por su trabajo sienta la urgente tentación de cambiar de profesión. De silicio. Mejor un buen robot para enseñar que un mal maestro, mejor la educación a distancia cuando la presencial da asco. Si el maestro no abraza, que abrace la máquina, siempre que abrace bien; y si abraza mal, se la reparará inmediatamente en el taller de silicio en la segunda generación. Los robots de *Blade Runner* replicantes de humanos son cada vez más nuestro pan diario, nuestra inteligencia artificial, porque lo artificial se ha convertido en natural.

Los Harlow investigaron con un centenar de monos de la familia Rhesus criados con madres artificiales de alambre y felpa que les dieran cariño y confianza básica, provistas también de biberones.

El experimento, lejos de fracasar, mostró que las crías prefieren estas mamás ficticias a las que podían asirse con fuerza para expresar su necesidad de ternura de contacto. A cambio, cuando alcanzan la edad de seis años, las criaturas así educadas carecen de instinto sexual y son incapaces de procreación, sin que sirva de nada la presencia de un macho vigoroso en celo, al que por el contrario tienden a atacar. Sólo con una muy paciente 'psicoterapia de grupo' lograrán reproducirse[43].

Un buen implante de glándulas mamarias y unas buenas plantaciones de algarrobos —antiguo menú de los pobres- te llevarán al Olimpo mimético de los neobobos como aquel conductor hasta arriba de alcohol pillado por la guardia de tráfico, que casi reventando el alcoholímetro sólo se le ocurre disculparse así: "es que vengo de un concurso de cerveza". En un postinero diario nacional se lee: "la señal más clara de que comes pocas proteínas es que tienes ansiedad". Todo está en el estómago, ya veo a los restaurantes pijos cobrando un huevo por una algarroba gratinada a las finas hierbas.

Si los prehistóricos son humanos ¿por qué no seré yo suprahumano? Al final, se demostrará que leer es malo para la salud, y sólo se podrá hacer con receta médica. Al fin y al cabo uno es de donde hizo su bachillerato, pero los bachilleratos han ido desapareciendo hasta quedar los españoles a la cola de Europa. Las librerías desaparecen, se hablará o se gruñirá, pero la gracia de la

---

[43].- Rof Carballo, J: *El hombre como encuentro.* Editorial Alfaguara, Madrid, 1973, p. 357.

nueva cultura estará en entenderse aboliendo la diferencia entre lo culto y lo inculto. *Desayuno con diamantes*, aquella película clásica cuyos protagonistas quedaban deslumbrados ante el escaparate de perlas y collares que deseaban robar, se ha hecho realidad, los cielos se abren para llover diamantes, el maná verdadero. Lluvias de diamantes caen en Neptuno y Urano, gigantes helados en cuyo interior las temperaturas alcanzan miles de grados centígrados y la presión es millones de veces mayor que en la atmósfera terrestre, donde no se separan los compuestos de los hidrocarburos, entre ellos el carbono, ni las altas presiones comprimen estas moléculas convirtiéndolas en diamantes. Ahora se ha ideado una nueva forma de recrear algo parecido a esa 'lluvia' de pequeños diamantes, pues las condiciones en el interior de planetas gigantes helados se pueden recrear fugazmente en el laboratorio terrestre: nanodiamantes, el desayuno se paga en criptomonedas. La operación *robots nanóticos comiendo algarroba* promete que todo mejorará un poco.

¡Va presa, caperucita roja!

Mucho dinero y poca educación, la peor combinación. Todos somos tontos por lo menos cinco minutos al día y la sabiduría consiste en no rebasar el límite, los enanos permanecerán enanos, aunque se suban a los Alpes. De todo eso saben mucho los concursos, como aquel en que se declaró a ciento cuarenta y tres novelas la mejor novela del año, a cuarenta y cinco la mejor de la década, y a más de veinte la mejor de nuestra era. Si en algunos concursos no aparece el lado ridículo, es que no lo hemos buscado bien.

A menudo creemos odiar la adulación, y lo que odiamos es la forma en que nos adulan, un abogado listo te hará creer lo que nunca has visto. Por natural inclinación nos mostramos más prestos a censurar los errores que a loar los aciertos. Por eso quien se guarda un elogio se queda con algo ajeno; para él deber es lo que exige a los demás, asno eres y asno has de ser. Pero, al tiempo que lucho yo también contra esas y otras penalidades, reconozco que un poema nunca está acabado, solamente abandonado. Hay personas que se definen por lo que tienen y otras por lo que les falta. El hombre superior ama su alma, el inferior su propiedad.

Los libros son las abejas que llevan el polen de una

inteligencia a otra y en un desierto cuando ninguna mirada nos hace señas de inteligencia. El buen lector hace bueno al libro; hacen mejor al periódico sus redactores, pero también sus abonados. Escribir es mostrar una huella digital del alma. ¿Faltan palabras a la lengua para sentí/pensar? Pues los tres fundamentos del saber son observar mucho, estudiar mucho y sufrir mucho. Existen libros que desvelan, revelan o rebelan: y hay otros que velan, adormecen o mecen, pero en general los libros tienen los mismos enemigos que el hombre: el fuego, la humedad, los bichos, el tiempo y su propio contenido. Algunos, por lo demás, preferirían ahogarse en el naufragio antes que llevarse un solo libro a una isla desierta. Por eso digo con Sancho: "la conversación de vuestra merced ha sido el estiércol que sobre la estéril tierra de mi seco ingenio ha caído". La conciencia es otra persona dentro de uno. Leemos mal el mundo, y decimos que nos engaña. Es bueno un gran número de lectores, pero mejor un cierto número de relectores. De querer saber a creer que se sabe ya, va la distancia de lo trágico a lo cómico. Para el vulgar lo importante no es saber, sino tener el número del que sabe; para el inteligente contratar gente más inteligente. Un país habrá llegado al máximo de su civismo cuando en él se pueda celebrar un partido de fútbol sin árbitro, algo impensable sin buenos lectores. Muchos, tras haber encontrado el bien, siguen buscando y encuentran el mal. Un error es tanto más peligroso cuanto mayor sea la verdad que contiene.

En cierta ocasión el tirano ordenó quemar todos los libros de su país, y desterrar a los lectores. Sin embargo, estos se rebelaron y cada uno de ellos se convirtió en hombre-libro: "le presento a Jonathan Swift. Este otro sujeto es Charles Darwin, aquél Schopenhauer, aquél otro Einstein, y el que está junto a mí es Albert Schweitzer. Aquí estamos todos, Montag, Aristófanes, Mahatma Gandhi, Gautama Buda, Confucio, Thomas Jefferson y Abraham Lincoln. Y también somos Mateo, Marcos, Lucas y Juan. Transmitiremos oralmente los libros a nuestros hijos y dejaremos que ellos lo hagan a su vez. Somos miles que vamos por los caminos, las vías férreas abandonadas, vagabundos por el exterior, pero bibliotecas por el interior. Cada hombre tenía un libro que quería recordar, y así lo hizo. Luego, durante un periodo de unos veinte años, fuimos entrando en contacto, viajando, estableciendo esta organización y forjando un plan. Tome ese poblado y divida las páginas a tantas por persona. Y cuando la guerra haya terminado, algún día los libros podrán ser escritos de nuevo. La gente será convocada una a una, para que recite lo que sabe, y lo imprimiremos. Esto es lo maravilloso del ser humano: que nunca se desalienta lo suficiente para abandonar algo que debe hacer, porque sabe que es importante y que merece la pena". Para el bárbaro, sin embargo, el libro es una cadena perpetua, de ahí que todo dictador bárbaro procure ponernos camisas de fuerza.

Aquel bestiajo ordenó eliminar de las librerías títulos como *La semana roja en Barcelona* (sobre la muerte del anarquista Ferrer Guardia), *El lirio rojo, La aurora roja* (Pío Baroja), *La virgen roja* (biografía de Louise Michel), *El rojo y el negro, La letra roja* de Nathaniel Hawthorne —exponentes todos, según él, de una *literatura roja* revolucionaria. Los tomos, arrojados a carretones, tomaron el camino del incinerador de basuras en las afueras de la ciudad: "llévense de una vez *La caperucita roja*", había gritado fuera de sí uno de los comerciantes. "Va preso, por gracioso", le replicó el teniente.

¿Nos hace más libres la verdad, o nos asusta más?

El miedo crea neo/conversos traumatizados/traumatizantes, pero también apóstatas asustados por lo que fueron y por lo que podrían llegar a ser. La deformidad de lo objetivo justifica el arbitrio de una subjetividad que ha perdido el norte. El miedo al infierno esconde otros más prosaicos, por ejemplo, el miedo a ser descubierto en las mentiras nunca destapadas, que Dios castigaría. Cosa tan compleja es al mismo tiempo bastante sencilla: al menos a los católicos no nos gusta Jesucristo ni su modo de vida, ni creemos que sea Dios y hombre verdadero, y por eso mentimos al decir que le amamos, pero también al decir que no le amamos, porque en el fondo a casi todos nos resulta intrascendente su trascendencia.

Que la Iglesia sea nuestra madre para quienes nos decimos sus hijos no significa que ella sea a su vez una buena hija de Dios Padre. Lo que deberíamos tratar los hijos de la hija es ser buenos nietos de Dios sin matar a la madre, pero reeducándola y dejándonos por ella reeducar. A las madres también hay que tirarles de las orejas si las amamos. La Iglesia, además, no es la madre de Dios. La mujer del César tiene que ser honrada y también parecerlo, como el marido de la mujer del Cesar, y también la Iglesia, madre regida por hombres. Si la verdad nos hace más libres que la mentira, triste cosa es que el miedo a la verdad religiosa se traduzca en fábricas de capas que todo lo tapan. Las sectas son malas hijas criadas mal o malcriadas por padres sectarios, es decir, de/generados. Es ese un proceso que cada vez agarrota más a las sucesivas generaciones sectarias, tanto que ya ni cuenta se dan de que lo son a carta cabal, esquizofrénicas por completo.

Pero entonces, ¿nos hace más libres la verdad, o nos da miedo? Las mismas verdades que a unos dan miedo, a otros les causan risa. Nada hay más desconcertante, el miedo te cambia todos los paisajes. El mundo es demasiado grande y nosotros demasiado pequeños. Lo real siempre se ensancha en lo posible, lo posible desorbita lo real. Nos asustamos remando en una barca en pleno océano sin tierra a la vista.

La mente humana es *hipocondriocófaga,* devora a sus hipocondriacos. Existen miedos objetivos y otros subjetivos disparatados e invalidantes, pero tanto los unos como los otros viven incrustados *en la mente* que los crea. *El miedo a* que algo exista crea el *miedo por* lo que ya existe. Normal es que nos dé miedo una casa en llamas, pero no que nos lo dé un ratoncillo o que me aturda una cucaracha. En cuanto que tal miedo, éste es idéntico cuando lo produce el ratón o el león, ambos se alojan en la esfera de la subjetividad y a pesar de todas las diferencias ontológicas de ambos. La escala de miedos puede medirse bioenergéticamente (pulsaciones, excreciones, tensiones, sudores), pero su curación profunda no adviene con un mero tratamiento de choque bioquímico. Un cuerpo sano puede tener miedos insanos, pero una mente sana no tendrá miedos insanos.

Por si esto fuera poco, se puede estar zurrado por dentro y parecer por fuera el Sastrecillo valiente o Juan sin Miedo, dada la capacidad de desdoblamiento de la subjetividad. Del mismo modo, podemos poner pies en polvorosa, o permanecer atenazados, paralizados y sin aliento; el miedo al qué dirán invalida a las personalidades psicológicamente débiles. Todos los animales somos conejillos temblorosos. Ciertamente, resulta imposible vivir sin algún susto en el cuerpo, la felicidad del presente siempre está amenazada. Un exceso de miedo puede ser tan malo como su carencia, por eso hay que estar alerta como lo prescribe el buen canon de la prudencia. La temeridad o carencia de temor no es recomendable, pues rechazará todas las reflexiones, por sensatas que sean: vive desinhibida y no entiende de reconvenciones, ni de admoniciones, y hasta se mete en el mundo de la droga como el Capitán Trueno. Aunque a veces lo que desde el exterior parece valentía, es por dentro un ajustamiento de cuentas consigo mismo y necesidad de aceptación.

Habida cuenta de la dinámica versatilidad de la mente humana, los campos fóbicos se amplían ilimitadamente, un temor lleva a otro cual metástasis cancerosas que dejan al sujeto acuchillado con una cicatriz encimada sobre otra. Miedo de miedos y todo miedo, maraña de miedos.

El poderoso chantaje de la fantasía produce efectos similares reforzando cualquier posible temor. No se debe fantasear con ella, hay que cortar de raíz su perversa creatividad, pues nada hay más parecido al poder de la fantasía perversa que el de una boa constrictora. Hay que enfrentarse a las emociones negativas; para superar una fantasía lesiva es necesario oponerla una *contrafantasía positiva*.

La persona con miedo insuperable huye a otros lugares generando en ellos nuevos problemas, vuelve al error mutando de error. A veces puede adquirir el formato de un afrontamiento envalentonado de carácter suicida. Las falsas valentías, el *o me mata el miedo, o lo mato yo a él* se saldan con desoladoras derrotas en el campo minado de las alucinaciones. Aunque los beneficios secundarios no falten en los miedos a modo de distractores, resulta fundamental hablar de ellos para exorcizarlos. Observar el miedo ajeno enseña en la lucha contra el propio. Ahora bien, si los amigos correctos no bastan, debemos consultar con un experto. Es imposible que éste te diga que no puedes luchar contra tu problema. Vete a su consulta antes de que te lleven.

Tú necesitas aceptar (no sólo verbalmente) que puedes

equivocarte en tu toma de decisiones y que tienes que rectificar. No vaya a ser que el temor a rectificar sea la causa de tu miedo, mucho más que el miedo mismo. En muchas ocasiones es el miedo al miedo lo que tememos, más que el miedo a la realidad, aunque a veces la realidad misma dé miedo: ¿y si me da un infarto por afrontar ese miedo superior a mis fuerzas? Esta recidivante pregunta genera otras. La verdadera cuestión es: ¿conozco bien mis fuerzas y mis límites, o los deformo por exceso y por defecto? Necesitamos reflexionar sobre lo que haríamos si no tuviésemos miedo, así como sobre las hipotéticas consecuencias de lo que tememos, pues muchas veces el temor es peor que las consecuencias reales: ¿qué sería lo más grave que me podría suceder? Estas *variaciones eidéticas* (Husserl), o "dinámicas del *como si*" (Vaihinger), posibilitan con su aparente salirse de lo real el regreso a lo real mismo.

Cada edad tiene sus miedos; un joven no teme como el viejo atragantarse, o tropezar y partirse la cadera, como tampoco asustarse por el deterioro inexorable de su salud. Pero en el fondo se trata de una misma angustia, la de perder estatus, poder, presencia, protagonismo, caer en la soledad y en el olvido, una misma nictofobia: las luces se apagan. Los miedos son relacionales, y sin que nos demos cuenta podemos temer que la violencia callejera nocturna acabe con la vida de un nieto, cuando en realidad estamos culpabilizándonos de no haberle cuidado o instruido, "pa decir coles nombra tó el huerto".

Nos despedimos con el gaucho Martín Fierro: "y ya con estas noticias/ Mi relación acabé,/ Por ser ciertas, las conté, / Todas las desgracias dichas:/ Es un telar de desdichas/ Cada gaucho que usted ve./ Pero ponga su esperanza/ En el Dios que lo formó,/ Y aquí me despido yo/ Que he relatao a mi modo/ Males que conocen todos/ Pero naide me contó".

Ignorancia con gusto ni pica ni mortifica

Regreso de dar una conferencia a campesinos de Carrión de los Condes (Palencia), con tractores, divorcios exprés y móviles de última generación. La concejala de cultura del PP me increpa: "ya basta de libros y de cultura, lo que hay que hacer es cultivar lechugas". Es literal, dados sus pilares culturales: *a)* Cada cual tiene su verdad y no hay una común; *b)* Familia de niños malcriados sin sacrificio por los otros; *c)* La ideología de género que "reescribe toda la gramática porque está inventada por los hombres"; *d)* Espiritualidad abierta a todos los dioses y no a uno en particular, pues eso no sería democrático; *e)* Salud, dinero y bellotas; f) Resentimiento contra toda forma de excelencia: Einstein no sabe más que yo; g) Asambleas-calderilla; h) Derecho a ser subvencionados, café para todos.

Castilla la vieja, sin su antañona reciedumbre, ahora pija y posmoderna, desmiente a José Antonio Primo de Rivera: "Castilla, que es la tierra, sin galas ni pormenores, la tierra absoluta, la tierra que no es el color local, ni el río, ni el lindero, ni el altozano. La tierra que no es, ni mucho menos, el agregado de unas cuantas fincas ni el soporte de unos intereses agrarios para regatearlos en asambleas, sino que es la tierra; la tierra como depositaria de valores eternos, la autoridad en la conducta, el sentido religioso en la vida, el habla y el silencio, la solidaridad entre los antepasados y los descendientes. Y sobre esta tierra absoluta, el cielo absoluto. El cielo tan azul, tan sin reflejos verdosos de frondas terrenas, que se dijera que es casi blanco de puro azul. Así Castilla, con la tierra absoluta y el cielo absoluto mirándose, no ha sabido nunca ser una comarca; ha tenido que aspirar siempre a ser imperio. Castilla no ha podido entender lo local nunca, Castilla sólo ha podido entender lo universal, y por eso se niega a sí misma; no se fija en dónde concluye, porque no concluye, ni a lo ancho, ni a lo alto"[44].

Desde que Castilla dejó de hacer castillos feudales sigue como la retrató Machado en *Campos de Castilla*: "Castilla, ayer dominadora, envuelta en sus harapos, desprecia cuanto ignora". Sin deseos de rutas imperiales, políticos pulquérrimos hacen granjería de lo público sin honrilla doctrinal, pero echándolo todo a barato. El envilecimiento del ADN del poder no parece inevitable. "Palabra de honor" le llaman hoy a un tipo de escote glamuroso que se lleva sin sujetador. Por no haber llevado hasta hoy nada semejante, repito: "¿por qué te quejas de tus enemigos?/ ¿acaso habrían de convertirse en amigos tuyos/ aquellos a quienes la esencia que tú eres/ les

---

[44].- José Antonio en el teatro Calderón de Valladolid (1934). Cfr. Pérez, J: *España a dos voces. EASA*, Madrid, 1961, pp. 319-320.

supone en silencio un eterno reproche?[45]. Antítesis de Menéndez Pelayo, que escribió: "en descargo de mi conciencia, no de escritor, sino de cristiano y de hombre, debo dar alguna explicación sobre las personalidades, actitudes y virulencias que en estas cartas de *La Ciencia Española* hay y que de buen grado habría yo suprimido si para hacer eso no hubiese sido preciso destruir enteramente el libro y escribir otro nuevo. He vuelto a leer estas cartas diez años después de publicadas, con la frialdad de quien lee cosa ajena, y no he encontrado en ellas verdadera injuria personal, ni expresión alguna que pueda desdorar el crédito moral de ninguno de mis adversarios. En esta parte estoy tranquilo, sí añado que ellos se mostraron en la polémica tan duros y violentos como yo y que escribí estas cartas a los veintiún años, sin conocer del mundo y de los hombres más que lo que dicen los libros, creo que ni aun los más severos han de negarme su indulgencia. Pero es tal mi respeto a la dignidad ajena, me inspira tanta repugnancia lo que tiende a zaherir, a mortificar, a atribular el alma humana hecha a semejanza de Dios y rescatada por el precio inestimable de la sangre de su Hijo, que aún la misma censura literaria, cuando es descocada y brutal, cínica y grosera, me parece un crimen de lesa humanidad, indigno de quien se precie del título de hombre civilizado y del augusto nombre de cristiano. Yo peleaba por una idea, jamás he peleado contra una persona. No he ofendido a nadie a sabiendas, a nadie".

---

[45].- *Was klagst Du über Feinde?/ Sollten solche je werden Freunde/ Denen das Wesen, wie Du bist,/ Im Stillen ein ewigen Vorwurf ist?*

Quien quisiere ser culto en sólo un día/ a jeri-aprenderá-gonza el siguiente, así retorcía Quevedo la escritura de rocambole. La Sibila ofreció al monarca Tarquino el Soberbio nueve volúmenes de versos proféticos pidiendo por ellos un precio exorbitante, oferta que rechazó el monarca. Entonces la Sibila quemó tres de ellos y volvió a pedirle la misma cantidad por los seis restantes. El rey volvió a negarse y la Sibila quemó tres más sin reiterar su oferta de venta. Sorprendido y desconcertado, Tarquino dio a la sibila la cantidad que exigía por los tres libros y los hizo custodiar en el templo de Júpiter del Capitolio por sacerdotes con esa única tarea. Y, cuando durante la dictadura de Sila se incendió el templo de Júpiter y se quemaron los volúmenes, el Senado envió una delegación para recoger los fragmentos. Platón dejó escrito en el *Gorgias* que el hombre malo carece de habilidad para el *koinoein*, para la convivencia. Freud se quejó a J-J. Putnam: "cuando me pregunto por qué me he esforzado siempre en ser honrado, condescendiente, e incluso bondadoso con los demás, y por qué no desistí al notar que todo ello me acarreaba prejuicios y contradicciones, pues los otros son brutales e impredecibles, no tengo, a pesar de todo, una respuesta". Y es que a veces no se pueden explicar las evidencias.

A veces tarareo estribillos sin poder desalojarlos de mis meninges. Hoy me ha venido a la cabeza *fortuna audaces adiuvat*, la fortuna ayuda a los audaces. Es cierto que debemos contener esa *effrenata audacia* o audacia temeraria de Catilina, que tanto molestaba a Cicerón. Pero no todos llevan en su interior al mismo tiempo un animal no embridado y un pusilánime que tras su falsa prudencia esconde su alma de eunuco. Un paso adelante y estamos en la temeridad; otro atrás y vemos al pusilánime; otro poco más todavía, y estamos todos en el mismo gatuperio. En ocasiones la misma persona embiste con zarpazos de fiera a unos y se humilla ante otros, si las circunstancias cambian; descargamos el zarpazo, y a luego nos zurramos de miedo ante la misma persona a la que acabábamos de agredir. Lo que asombra es la osmótica porosidad entre virtudes y vicios: al cobarde le gustaría ser héroe, al héroe prudente, "las virtudes de los paganos son vicios espléndidos", escribió san Agustín, aunque no se atreviese a escribir "los vicios de los paganos sean espléndidas virtudes", algo que sí firmó Nietzsche. Imputación, reputación, disputación la vida es.

En sus *Conversaciones sobre la metafísica y la religión* Nicolás Malebranche, sacerdote del Oratorio, junto a Descartes, Espinosa, Leibniz y Pascal autor de obligado trato en mi época de estudiante, traducidas por primera vez al español en 1921 a partir de la segunda edición francesa de 1690 y editadas por Editorial Reus de Madrid, traducción que dedica "a la excelentísima y culta Diputación Provincial de Ciudad Real en prueba de gratitud por su generoso proceder con esta su humilde ex/pensionista y servidora, que desea ardientemente poder ofrendarle pronto trabajos más meritorios"[46],

_____

[46].- Las Pedroñeras (Cuenca, 1888; Madrid, 1966). Terminó desde Campo de Criptana

en esas *Conversaciones,* con prólogo de Adolfo Bonilla y San Martín, que también residió en La Mancha, conversan con aire platónico tres personajes, el central equivalente a Sócrates, *Teodoro* ("regalo de Dios"), *Aristeo* ("El mejor"), discípulo fiel, y un tercero secundario, *Teótimo* ("El honorable a los ojos de Dios") concluyendo que quien sabe de Dios sabe todo, porque vemos todas las cosas en Dios; no que nosotros seamos los ojos de Dios, sino que Dios es nuestros ojos y oídos.

A veces releo *Entretiens,* Memorias, Diario Íntimo, Conversaciones, Entretenimientos. Siempre discrepé del apotegma "de lo que no se puede hablar es mejor callar", más bien sostengo su antínomo:

---

por libre el bachillerato en el Instituto Cardenal Cisneros de Madrid con premio extraordinario, aunque se dedicó a la enseñanza privada para ayudar a la economía familiar. En 1915 se trasladóo a la Residencia de Señoritas (Madrid), que iba a dirigir María de Maeztu durante tres cursos consecutivos. Para ello, y tras propuesta de Ortega y Gasset —con el que preparó su tesis doctoral, que no llegó a defender—a la Diputación de Ciudad Real, fue pensionada con fondos del legado establecido por el filántropo José Patricio Clemente. En 1916, obtuvo la licenciatura en Filosofía con sobresaliente, luego la de Derecho. Conoció el griego y el latín, y hablaba alemán, italiano, francés e inglés. Siendo ya profesora de Piano y maestra de grado superior, estudió Numismática y Epigrafía, Arqueología, Sánscrito, Hebreo. Fue profesora numeraria del instituto del Cardenal Cisneros, durante treinta y dos años, y de Gramática y Caligrafía de la Escuela de Artes y Oficios. En 1930 es profesora de cursos veraniegos para extranjeros y en el Instituto-Escuela. En 1933 gana por oposición una plaza de instituto, de la que no tomó posesión por ser de fuera de Madrid, y ese mismo año aparece en el crucero por el Mediterráneo con alumnos dirigido por García Morente de la recién inaugurada Facultad de Filosofía y Letras en la Ciudad Universitaria de Madrid.

de lo que no se puede callar es mejor hablar y de lo que no se puede hablar también es mejor hablar. De lo contrario, me siento mosca atrapada en botella.

De otro modo enseñar a hablar

Según Irene Vallejo, maestra en el arte de hacer juncos con el dardo de la palabra, el lenguaje efímero (gestos, aire y ecos) constituye aladas palabras que el viento dispersaba, y que sólo la memoria podía retener, en contraposición con las palabras escritas. Defiende que conocemos las palabras aladas a través de sus contrarias las palabras inmóviles de la escritura, y que una vez escritas las narraciones pierden su fluidez, su elasticidad, la libertad de improvisación. Discrepo un poco: no existen palabras aladas ni cojitrancas, crudas, fritas o cocidas, todas ellas se gestan en la cocina de las almas que tienen algo que decirse. Cada palabra que se deposita en el congelador sólo es rescatada del frío del olvido y retomada después de su deshielo entre los estallidos de una nueva primavera. Las palabras son sujetos liberados de la presión normativa de los cánones, flechas lanzadas al infinito.

Yo no creo que oralidad y textualidad sean dos géneros diferentes. Ni la palabra pensada, ni la escrita, ni la por escribir me parecen opuestas: tan agua es el agua en el estado sólido, como en el líquido, o como en el gaseoso, agua gruesa como agua mansa. La rigidez apergaminada de la escritura no es sino uno de sus estadios, de sus posibilidades, de sus modalidades, pero siempre en tensión y tránsito hacia lo que aún no es. Quizá la palabra escriturada, a costa de haber perdido la fresca jovialidad de la hablada, gane en su remansada madurez, pero ambas buscan renovarse, evaporarse para de nuevo refundirse, acrisolarse y después precipitarse con las lluvias de abril y el sol de mayo. La primera vez que desde tu ceguera tocas la rugosidad física de un libro te parece todavía un árbol que camina, pero luego, despejada la vista poco a poco y ganada la claridad en tu campo perceptivo, se te antoja como un ciervo dirigiéndose a sus fuentes. Toda palabra es honor, palabra de honor.

Del mismo modo, los libros pensados y no publicados son libros enteros y verdaderos, y puede que hasta más cercanos al origen y al hontanar de la conciencia, que es el silencio, cuya voz hiere. La palabra es un arte efímero, modificable, pero al propio tiempo eterno e inmutable, ya que su fondo se sustancia más allá de cualquiera de sus metamorfosis. Algunos hablan mejor de lo que escriben, o a la inversa, pero todos los que piensan lo hacen para evitar el caos. Escribir es más laborioso que hablar, hablar lleva menos tiempo, pero sólo en esto radica la diferencia básica con el oficio de escribir. Cuando oigo a un pico de oro soy arrastrado al fondo de su crisostomismo sin detenerme en los gorgojos. Los gorgojos son los gargajos del pensamiento cuando salen de bocas hipócritas especializadas en antífrasis, donde se pierde la sintaxis entre lo dicho y lo hecho. Tal hipocresía del decir vacío me molesta más cuanto más el decidor hipócrita soy yo mismo, hasta el punto de avergonzarme no sólo de serlo, de ser un hipócrita, sino incluso de simplemente ser. El hipócrita tiene muerta la mitad de su ser, a diferencia del veraz, vivo en cualesquiera de sus manifestaciones, sólida, líquida, o gaseosa, al punto de sangrar por el libro que escribe. Sangrar un libro vivo no es la sangría, ese dejar despejados los espacios laterales para que cabalgue airosa la grafía, sino todo lo contrario: su operación a corazón abierto, una gigantomaquia.

¿Se puede crear lingüísticamente sin recordar? Quien aprendió a caminar sobre el espejo de la palabra queda obligado tras un determinado quebranto cerebral grave a pasar por un severo reaprendizaje. Más suerte tienen nuestros primos, los primates, que agarran la brocha y con la mente en blanco llenan el lienzo de trazos grafiteros. Esto último es impropio de la persona cabal, aunque agarrar la pluma, convertirla en brocha gorda y ensuciar las paredes cual descerebrados pueda estar al alcance de cualquiera cuyo enfado les lleve a cumbres borrascosas, aunque sin solemnes hexámetros épicos.

Según la Vallejo, la literatura consiste en hacer ejercicios de caligrafía sobre la piel, pues los libros son cuerpos habitados por las palabras, pensamientos tatuados en la piel: "nuestra piel es una gran página en blanco; el cuerpo, un libro. El tiempo va escribiendo poco a poco su historia en las caras, en los brazos, en los vientres, en los sexos, en las piernas. Recién llegados al mundo nos imprimen en la tripa una gran 'O', el ombligo. Después, van apareciendo lentamente otras letras. Las líneas de la mano. Las pecas, como puntos y aparte. Las tachaduras que dejan los médicos cuando abren la carne y luego la cosen. Con el paso de los años, las cicatrices, las arrugas, las manchas y las ramificaciones varicosas trazan las sílabas que relatan una vida. Yo también he encontrado gentes cuyos rostros parecen arcillas incisas por la pena. Pero no sólo el tiempo escribe en la piel. Algunas personas se hacen tatuar frases y dibujos para adornarse como pergaminos iluminados. Nunca lo he hecho y, sin embargo, comprendo esa pulsión por dejar huella, colorear y convertir en texto el propio cuerpo"[47].

Convertir en texto el propio cuerpo sería imposible porque una mano no se escribe a sí misma, precisada como está de la otra para ser escrita. También la huella de la mano ajena queda impresa en el cordón umbilical de quien nos trajo al mundo, en los primeros besos y caricias, así como en los cuidados y en los descuidos de quienes dejaron su impronta en nosotros, por eso somos un palimpsesto, una escritura sobre la que se han escrito a lo largo de nuestra vida más escrituras de muchas manos; no escribes si no eres escrito por alguien que te lee, y no eres leído si no has dejado que alguien escriba tu nombre, tocado incluso las rugosidades de tu

---

[47].- Vallejo, I: *El infinito en un junco. La invención de los libros en el mundo antiguo.* Editorial Siruela, Madrid, 2020, p. 75.

oscura invidencia, como en el método Braille. Incluso cuando nos ocultamos detrás de ella, olemos a tinta, a tinta sangre; quienes no llevan tinta en sus almas manosean, emborronan, desvirtúan en todos los sentidos, cualquier cosa menos escribir.

Ebrios de palabras vaciadas de vida, para todo mal, mezcal. Palabra sin persona que la apalabre, lenguaje disparejo contra la palabra como sacramento de muy delicada administración, cauterio suave, regalada llaga, mano blanda, ardiendo sobre todos los ardores del mundo. Se es apalabrado por la palabra grabada a sangre y fuego en el hueco de tu mano herida; dice el místico Juan en un *Cántico espiritual* que hasta sin palabras queda en su búsqueda de la Palabra apremiante: "¡oh, almas criadas para estas grandezas y para ellas llamadas!, ¿qué hacéis, en qué os entretenéis? Salí tras ti clamando, y eras ida, Palabra, llama de amor viva que tiernamente hieres de mi alma el más profundo centro".

Cuando Hall Bregg regresa a su planeta Tierra después de una arriesgada expedición de diez años en una galaxia lejana, se encuentra con que en la Tierra han pasado ciento veintisiete años, a lo largo de los cuales se han producido variaciones sustanciales en la especie humana. Un anciano médico que aún conserva interés por el pasado de los vuelos interestelares dice a nuestro protagonista: "la sociedad a la cual ha vuelto usted está estabilizada. Vive tranquila. ¿Comprende? Sobre el regreso de usted hubo apenas una noticia de dos líneas en nuestros periódicos actuales. Aunque usted no quiera reconocerlo, señor Bregg, sus intereses forman una pequeña isla en un océano de ignorancia ajena. Dudo que haya muchas personas a las cuales apetezca escuchar lo que usted pueda contarles. Yo pertenezco a ellas, pero tengo ochenta y nueve años"[48].

Tantas cosas quiere decir el conferenciante ansioso, que empieza a beber agua, a sentir el sudor de sus manos, a marear los papeles que lleva escritos, a disculparse ante el público ("esto me lo salto", llega a decir en voz alta), y a desear que aquello concluya lo antes posible. El desprestigio de la palabra responde también a que muchas veces los maestros no estamos a su altura, algo demasiado frecuente en otros terrenos. Ni hablar ni escribir consisten en poner una palabra detrás de otra; para empezar *las conferencias no sólo debe prepararlas quien las da, sino quien va a escucharlas*, ya que tiene que predisponerse a dejarse decir algo, a creer que no lo sabe todo y mejor que los demás, abriendo su corazón y su oído a la palabra de otros. Por eso desplazarse para escuchar a alguien es un gesto de generosidad y apertura: la palabra exige un alguien con quien contar, no solo alguien a quien hablar[49].

El maestro muere muchas veces, cada vez de una manera

---

[48].- Lem, S: *Retorno de las estrellas*. Alianza Editorial, Madrid, 2005, pp. 86-87.

[49].- Gabilondo, A: *"Yo hablaba a Juan..." Ortega y el cuidado del decir*. In VVAA: Ortega en pasado y en futuro. Biblioteca Nueva, Madrid, 1907, pp. 254 ss.

diferente cuando desaparecen los discípulos que le recuerdan, y según la cualidad y la profundidad de la comunicación interrumpida. Cuando esas voces se van, queda en nosotros un gran vacío que ni la avalancha de cambios de programa, ni los aumentos de sueldo, colman. Entonces cesan la polifonía, el arco polilobulado para decir lo que hay que decir y cantar lo que haya que cantar en los espacios infinitos.

Hablamos por haber oído y, no dejando de oír, cualquier voz lleva en sí misma varias voces, pues no hay primera voz. ¿Cómo oír la llamada que nos hace hablar?, ¿cómo pensar la palabra que únicamente sabrá responder si sabe escuchar?, ¿cómo dar la voz, ese gesto único en que se concitan la llamada y la respuesta?, ¿en qué consiste responder cuando el llamado surge de esa llamada?

Hablar es seguir escuchando, pero también hacer oír y responder aún. Ida y vuelta de la palabra. Si estás rodeado de silentes circunspectos cuya norma es no hablar por principio, sacude tus sandalias y márchate a otra parte. El maestro prefiere que digan algo, aunque sean asertos simplistas, a que no digan nada ni aunque les aspen. Si tienen algo que decir pero lo callan, puedes temerte una daga traicionera sobrevolando tu desprotegida espalda.

La palabra del ornitorrinco del ego hastía, nadie soportaba a Unamuno en eso, y con razón. Mis sentimientos tampoco son los mejores respecto a determinadas personas que agarran el micrófono y no lo soltarían ni por electrocución, aunque haya una larga fila de locutores esperando para hablar. El maestro habla respondiendo, pero esa respuesta sólo se perpetúa llamando a otras palabras que le responderán y, respondiéndole, le harán oír aquello a lo que, en su propia palabra, hubiera podido permanecer ausente.

La respuesta alumnal constituye nuestro más íntimo porvenir. La llamada requiere nuestra voz magisterial para transmitirla a otros y así oírla, pero difícilmente podría ser pensada y descrita sin apelar a una voz interior. En la *Apología* oímos decir al demonio de Sócrates: "si algún día alguien pretende haber aprendido algo de mí y haber oído de mí, en privado algo que no hubiese sido oído por todos, sepan que no dice la verdad". A quienes de pequeños no les enseñaron a escuchar las armonías lingüísticas de los ecos silenciosos les espera la hiperacusia de cualquier antroteca (discoteca antro) sin antropoteca. El maestro creyente en la Palabra de Dios no regurgita su propio vómito para volver a su "revelación" meramente sociológica[50]. Para anunciar al Padre, el Hijo se convierte en la voz nueva del Bautista. ¿Cómo hacer para que ese grito resuene todavía en nuestra cultura y en nuestro corazón desérticos?, ¿cómo reinventarlo?, ¿cómo abolir la enemistad integrista entre la ciudad de Dios y la de los hombres?[51].

---

[50].- Díaz, C: *Rezar filosofando, filosofar rezando*. Editorial Monte Carmelo, Burgos, 2021.

[51].- El danés/noruego Aksel Sandemose resumió en su *Flygtning krydser sit spor* (*Un*

De otro modo enseñar a leer

Escribe el gran polígrafo y buen amigo Manuel Pecellín: "el extremeño B. J. Gallardo (1776-1852) fue un bibliófilo y peregrino infatigable por archivos y bibliotecas (públicas, institucionales, religiosas, particulares), a la búsqueda de libros o manuscritos de singular importancia, que adquiría mediante compra, préstamos o trueques. En otros casos, los copiaba, si no total, parcialmente, o resumía en sinopsis perfectas, adjuntando multitud de datos sobre el autor, las características formales del volumen, el contexto histórico de su escritura e impresión, así como juicios críticos sobre el valor y alcance de los textos. Tal

refugiado sobre sus límites), Copenhaven, 1933, las normas vigentes en su ciudad natal a principios del siglo XX en la _ley de Jante_: 1. No debes pensar que el tú es especial. 2. No debes pensar que el tú es tan bueno como el nosotros. 3. No debes pensar que el tú es mejor que el nosotros. 4. No debes pensar que el tú sabe más que el nosotros. 5. No debes pensar que el tú es más importante que el nosotros. 6. No debes pensar que eres bueno en nada. 7. No te rías de nosotros. 8. No debes pensar que los demás se preocupan por ti. 9. No debes pensar que tú puedes enseñar algo a nosotros. 10. ¿Crees que no sabemos nada sobre ti? Esta ley impregnó las culturas danesa, noruega, sueca y finesa, países en los que se desaprueba que una persona se considere mejor o más inteligente que las demás. A quienes violan esta norma no escrita se les mira con hostilidad y se considera que van en contra del deseo danés de conseguir una igualdad social. Mostrar humildad es muy importante. Semejante fenómeno se da en Yorkshire, noreste de Inglaterra, en frases como ¿quién se ha creído que es?

cosecha sabía anotarlas en papeles de todo tipo, fichas o 'zédulas', con letra más bien garrapatosa y una muy personal ortografía. Según los estudiosos, llegó a escribir unas 140.000. Su mérito como bibliógrafo, no superado por nadie en España, no consiste tan solo en haber visto y extractado mayor cantidad de libros y manuscritos que ningún español de todos los tiempos, sino en el tino maravilloso con que destaca lo más interesante de cada obra; un extracto hecho por Gallardo puede ahorrar la lectura de un libro sin temor de que se haya pasado ningún aspecto o noticia de interés, al decir de Alborg. Las mayores desventuras se cernirían sobre este tesoro, que el extremeño dejó prácticamente inédito. Perdidas, ajadas por la lluvia, malvendidas, robadas muchas de ellas, sólo una parte de tan fantástico tesoro pasará a imprenta (y no siempre íntegras, sino con recortes). Con una parte de tales apuntes fueron publicándose entre 1863-1899, póstumos, los cuatro volúmenes que constituyen el *Ensayo de una Biblioteca de libros raros y curiosos*, merced a los afanes consecutivos de bibliófilos tan expertos como Zarco del Valle, Sancho Rayón y Menéndez y Pelayo. Ahora bien, los mejores estudiosos de Gallardo fueron conscientes de cuántos materiales quedaban aún ocultos, dispersos por media España y el extranjero. De ahí que desde hace un siglo haya venido considerándose la necesidad de un V tomo. Fue el gran bibliófilo de Calzadilla "el príncipe de los españoles" (Bataillon) quien más adelantado tuvo el proyecto, aunque al fin no lo diese a luz"[52].

---

[52].- Bartolomé J. Gallardo, *Ensayo de una biblioteca española de libros raros y curiosos*. Tomo V. Campanario, Ayuntamiento, 2022. Edición de Ana Martínez Pereira. Manuel Pecellín

La vida me ha regalado muchas y muy buenas cosas, pero no la de haber conocido a Gallardo para ser un ratón de su biblioteca, lo cual colmaría mi dignidad. Estas gentes sin mucho dinero, pero con una vocación y una tenacidad himalayesca, son los pilares de la Tierra, los que salvan de la barbarie al mundo. Ni en la Biblioteca del Congreso USA habría yo gozado más; afortunadamente he visitado bibliotecas privadas asombrosas, y aprovecho esta ocasión para citar la de Amando de Miguel.

En esos templos de la sabiduría siento estupor, perplejidad: ¿cómo es posible tener la dicha de estar aquí, qué habré hecho para merecer esta gracia, por qué no están aquí los mejores? No hay ningún otro lugar comparable. Poder conversar con los maestros de estos lugares es mucho mejor que estar entre los dioses del Olimpo o en el Pritaneo alimentado con la ambrosía que se merecía Sócrates.

Mis sentimientos en estos templos de sabiduría no son los de megalomanía, sino de sobrecogimiento, sobrepasamiento, anonadamiento. Allí estoy encaramado como enano a los hombros de gigantes y desde ellos sueño con ser una flecha lanzada al infinito por el arco tenso de esos guerreros. En esas circunstancias me gustaría alargar los eones para leer sin parar desde el alba hasta el ocaso, para

---

(¡qué suerte tan grande ser su amigo y admirador!) es con mucho el extremeño más cercano a Bartolomé J. Gallardo en su inmensa sabiduría bibliográfica y humanística.

quemarme los ojos hasta quedarme ciego si fuere menester, como Tiresias. Pero ¿por dónde empezar, si se quiere leer absolutamente todo, habrá alguna biblia o libro de libros?, ¿y yo mismo, ansia de leer incolmable imantada por la magia de la biblioteca, el lector que abrió el primer libro y el último que cerró el último, acaso no habría mutado interminablemente durante la navegación de tantos mares?

No puedo pensar que, después de haber leído todo, ya no tendría nada más que echarme a los ojos pero, si tal fuere el caso, sentiría la necesidad de empezar a escribir tantas páginas como hubiera leído. Y no por prurito egocéntrico, sino para completar lo aún no dicho ni escrito, con la misma ilusión de completitud que siente el niño tratando de vaciar el océano con su cesta de mimbre. Para llevar a cabo lo imposible hay que hacerse niño; además, sin el sentimiento de lo imposible no entiendo nada posible.

El primer emperador chino, Qin Shi Huang Di, además de construir la gran muralla se dedicó a quemar miles y miles de palabras, emperador imbécil que confundía "el dulce lamentar de dos pastores" con "el dulce lamen tarde dos pastores". La Federación Estudiantil de Conciencias Libres, activa en ambientes universitarios de Barcelona, difundía el pasado siglo folletos como el de Max Netllau, *Orígenes del socialismo moderno*, acompañándolo de una hoja que invitaba a leerlo y discutirlo: "estudiante, sea cual fuere tu condición social, escucha: unos cuantos compañeros tuyos, amantes de la

Justicia y la Libertad, hacen llegar a tus manos este pequeño folleto; léelo, en él encontrarás opiniones e ideas que pueden interesarte si en tu pecho anida un sentimiento de amor hacia tus semejantes. No pretendemos que estés conforme con todo cuanto leas, pues en todo escrito hay una parte mala y otra buena; analiza lo que leas y fórmate tus opiniones. Razona libre de prejuicios y hallarás la Verdad, tu verdad, la única que a ti te interesa. ¡Sé libre! Cuando lo hayas leído, si lo encuentras razonable, entrégalo a cualquier compañero tuyo; si, por el contrario, crees que no debes hacerlo, guárdalo para leerlo otro día, ya que para combatir una cosa considerad injusta, se precisa conocerla a fondo". Y el diario Tierra y Libertad fletaba sus propios camiones y repartía los ejemplares por los frentes, estableciendo de ese modo librerías ambulantes. Nada hubiera deseado más este servidor –sin oriflamas ni gallardetes excitantes- que convertirse en analfabetizador ambulante, llevando en las angarillas de mi asno esas fuentes de aguas viva, a pesar de la inmensa sequía y del fuego devorador que nos viene cayendo del cielo.

Si el maestro escribe, imposible que no escriban los discípulos. El libro son dos manos diferentes sobre la misma partitura, como en el cuadro "El hijo pródigo" de Rembrand. En realidad, lo importante no es el pulso de las manos, sino su impulso y su teleología, no la envergadura de las alas de la paloma mensajera, sino su orientación hacia el infinito tras los primeros vuelos concéntricos. Nada hay escrito hasta no ser leído, nada dice ninguna página a quien no las ha pensado ya antes de alguna manera; disponerse a leer sin haber antes lecto/escrito lo que se quiere leer es una presunción. Para mucha gente no ocurre nada o casi nada nunca o casi nunca; los acontecimientos se deslizan sobre ellos como el aceite sobre el hierro. Se les cree dulces porque nada les emociona, pacientes porque la costumbre ha embotado su sensibilidad, distantes, porque no se entregan a nada. En algunos es la rigidez misma del plan de conducta por ellos trazada, las ideas preconcebidas.

Otros, por el contrario, prestan a la vida una atención múltiple, pero difusa. Todo les engancha, la distracción es un esparcimiento que arruina la atención. Aquellos que se dispersan siguiendo el capricho de los incidentes más menudos son aquellos mismos que, desde el momento en que un acontecimiento se cuela en sus vidas, se derrumban y, cual vírgenes imprudentes, recorren los caminos clamando su derrota.

Hay también una manera, de no asumir el acontecimiento para justificar nuestros errores o nuestras negligencias. Así se hacen los optimistas y los pesimistas; aquéllos se sirven de logros fáciles con negligencia en el esfuerzo, éstos, tras algunas decepciones, se creen maldecidos por el universo y abandonan.

Luego están los timoratos, que temen de antemano el cambio indeterminado; se encolerizan, huyen la ocasión como se esquiva la bala que se ve venir; cada una les deja disminuidos, vacantes y mordidos por disgustos.

Y, en fin, los torpes. Por una susceptibilidad ridícula atribuimos a lo insignificante pervivencia y nocividad olvidando que hace falta tiempo para llevar a cabo una obra; somos demasiado lentos y además no adivinamos. Portamos grandes cuerpos inhábiles. Nos enredamos entre ellos como un insecto en una tela. Sin embargo, y sin abandonar los planes, hay que seguir las indicaciones, confiarnos a las sugerencias de la vida. Las cosas no llegan siempre como las hemos querido o previsto: los mecanismos mejor combinados encallan en el puerto, el éxito se da por el camino en que no se le buscaba.

Renunciar, plantar cara, todo es uno. No perder un largo y precioso tiempo echando de menos el pasado, exigiendo un destino para actuar, un marco subjetivo, sino estar presto en cada instante a volver a empezar. Si esperamos que la vida extienda bajo nuestros pasos el tapiz que habíamos soñado, nunca comenzaremos nada y despilfarraremos lo menor de nosotros mismos en lamentaciones complacientes con nuestro disfavor. Las cualidades que hacen al gran jefe de batalla o de industria son las mismas que hacen de todo hombre el jefe de su destino. No gemir, no esperar, adaptarse, plantar cara, no obstinarse en apostar la vida solidaria a un acontecimiento que no llega, y por lo tanto perder el tiempo. Mucho más bellos que

esos diarios vacíos y decepcionantes son para el alma cristiana las
jornadas de trabajo pleno, en donde todo lo que llega es objeto de
ingenio y un medio nuevo para deslizar, en la trama del mundo, un
poco más de las fecundidades de la Redención.

"¿Qué interés han de podernos inspirar los recuerdos de
quien no ha figurado para nada en el mapa histórico ni político del
país; no ha vivido lo que suele llamarse la vida pública, no ha entrado
jamás en intrigas cortesanas ni en conspiraciones revolucionarias, no
le fueron familiares ni los clubs tenebrosos, ni los cubiletes electorales, ni fue periodista de oposición ni de orquesta, ni, por consecuencia, ministro ni cosa tal, no ha probado el amargo pan de la
emigración, ni el dulcísimo turrón del presupuesto, ni firmado en
toda su vida una mala nomina, ni recibido la más humilde creden-
cial?". Nada que ver con esas otras *Memorias* de insulsos para insulsos;
perdí más de dos horas intentando encontrar alguna en aquella gran
librería de Houston abarrotada de biografías de políticos locales,
boxeadores, gentes de alcoba, covachuelistas, y divinogénitos histé-
rico/viriles que no valen media mierda.

El buen maestro cursa latinidad, algo que según Cervantes
"capítulo por sí merece". Lo aprendí cuando en 1961 agarraba mi
maleta de madera reforzada con una cuerda y salía a los diecisiete
años a coger el tren que de madrugada pasaba por Puertollano hacia
Madrid y luego, desde allí con *Autorrés* hasta la capital dorada por su

piedra berroqueña, mi Salamanca amada, al declinar de la tarde, lo que no pasaba de una nadería en comparación con el titánico esfuerzo económico de mis padres, muy abnegados maestros de escuela. Y fue hermoso enseñar, desde la filosofía, armonía, latín, griego, gramática, alemán y filantropía, como quería don Quijote, pues un maestro bien bragado es un hombre orquesta, en la medida en que su voz es sinfonía. Algunos alumnos han escrito sobre mi propia escritura mejorándola cien codos pues —salvo excepciones como Sócrates o Cristo- si escribe el maestro, será imposible que no escriban mejor los discípulos.

Ya al final del periodo de docencia en la madrileña Universidad Complutense, cada día con mi abultada mochila a cuestas, regalaba mis libros leídos a mis alumnos, aunque no pocos de ellos declinaban mi oferta alegando que pesaban. Incluso alguna vez asistí al duro espectáculo de verlos en las papeleras, esos contenedores redondos. No pocas veces he deseado como alumno al bueno de Sancho Panza, que así ensillaba el rocín como tomaba la podadera. En estos contextos suelo añorar al capitán Castaños, que un día de invierno muy riguroso se presenta en la corte con pantalón blanco de hilo y, apostrofado por el Rey a causa de su supuesta extravagancia, le contesta: "señor, acabo de cobrar la mesada de julio, y por lo tanto continúo vistiendo como en aquella estación".

De otro modo enseñar a escribir la vida

No es que en España se hablara muy bien en el pasado, eso les está vedado a quienes se abren el camino a machetazos, a la salida de las discotecas, puesta su mira en la magnanimidad del Estado de Vagos que les convierte en Jóvenes Sobradamente Preparados. Si del hablar pasamos al escribir, la cosa empeora notablemente; no es que el idioma español resulte especialmente complicado en comparación con otros, en los cuales resulta dificilísimo redactar bien sin tener buen oído: la mayor barrera para escribir bien el idioma español está en las comas, y ahí la gente o se pasa o no llega, obligando el mal escritor al pobre lector a hiperventilar por exceso en el primer caso, o en el segundo a morir en estado de coma por ausencia de oxígeno, dada la distancia kilométrica entre una coma y otra, sin descansillos.

La otra dificultad, la ortográfica, no tiene remedio, pese a los numerosos años de español cursados sin fortuna en escuelas primarias, secundarias o terciarias. Tampoco nos lo pone fácil la Real Academia de la Lengua, que, en lugar de limpiar, brillar y da esplendor, como debiera, tira a la baja permitiendo escribir indistintamente sin "*S*" Psicología (ciencia del alma) y Sicología (ciencia del higo).

Quién sabe qué escritura nos espera, será para mear y no echar gota. Tampoco va a resultar fácil, en todo *caso*, encontrar el *género* literario entre tantas identidades *de género*, tan exaltado como fragmentado en su pensamiento líquido y su sexo fluido.

La prosodia misma sufre tarascadas en los "medios", así llamados porque comunican a medias, cuyas quiebras de ritmo por parte de locutores y locutoras parecen montañas rusas o rompepiernas acústicos.

Y esto por no hablar de los mensajes apocopados del lenguajete de los *t.q.m*, una jerga de inautenticidad encriptada para los dependientes de teléfonos móviles, mensajes y masajes a los que cabría denominar *telefonía sin hilos* dada su carencia de hilación e ilazón, discurso *interrumptus* donde los emóticos comen a los demóticos. Resultado: que sólo manda el jefe de rancho.

No pocos se parecen a Johann Valentín Andreae, "cuyo latín era malo sin paliativos, y esto es lo más candoroso que se puede decir de él. Ya el vocabulario que emplea resulta inopinado y milagroso, pero es su modo de emplearlo en frases y períodos lo que se le antoja a uno del todo sobrenatural. El sentido de un texto suyo no es cosa que se pueda deducir así como así de la letra, sino que hay que proceder a un criptoanálisis concienzudo en que hay que adivinar de antemano lo que quiere decir para saber lo que dice. Además de esto, nuestro autor, como protestante piadoso y enemigo acérrimo del pontificado, pone un

santo empeño en sortear el lenguaje de la Iglesia y de los teólogos romanos, creándose así embarazos suplementarios. La jerga embolismática
de Johann Valentín Andreae no es un asunto marginal, sino muy deci-
sivo para explicarse el sentido de su obra. Las palabras y frases que esti-
la son tan excéntricas y el sentido que pueden tener tan abstruso e im-
penetrable que se prestan a interpretarlas como un idioma misterioso,
esotérico, portador de un mensaje excitante y trascendental a nada que
el lector contribuya un poco con su fantasía. Las imágenes y las palabras
se agolpan, las frases se solapan unas veces, otras faltan, la construcción
gramatical es defectuosa, a cada paso se encuentra uno con contradicciones lógicas, el sentido de los párrafos hay que buscarlo fatigosa-
mente o averiguarlo tras una meditación honda y prolongada, y en todo
momento hay que abordar su contenido por la vía intuitiva, pues resulta
difícil abordarlo por la vía lógica. Es un ejemplo de ese proceso alquí-
mico por el que una obra ininteligible por su mala redacción y la turbie-
dad de sus ideas se transforma entre sus fervorosos entusiastas en un
producto hermético preñado de mensajes capitales y luminosos.

Herder advierte que traducir a Johann Valentín no es moco
de pavo, y que pocos autores antiguos como él deparan tanto trabajo
al traductor. Seybold declara que el estilo retorcido de Andreae le
había hecho la traducción tan difícil como la de un pergamino griego
escrito a mano y sin corregir. Nuestra opinión es que Johann Valentín
padecía algún tipo de *disnoesis* o quebranto mental que no le dejaba
articular lógicamente el discurso. Su modo de expresarse, tortuoso y

magullado, responde a su modo de entender. Él mismo afirma que la palabra es la impronta del entendimiento, es decir, que así como se habla o se escribe así se piensa. Con esto no queremos decir que no pensara pensamientos brillantes y poderosos, sino que los pensaba de forma abstrusa y revuelta, y que es una obra de romanos abrirse paso hasta ellos a través del lenguaje en que los formula"[53].

Un gentil se presenta ante Shammay: 'me convertiré al judaísmo si puedes enseñarme toda la Ley al completo mientras me apoyo en un solo pie'. Shammay lo echa amenazándolo con la herramienta de albañil que llevaba en la mano[54]. A mí, que no he llegado al rabinato, algunos me piden que les "resuma", les repito: "nadie debería decir 'quiero estudiar la Biblia para que me llamen sabio', o 'quiero estudiar la *Mishnah* para que me llamen *Rabbi*'; o 'quiero enseñar para convertirme en anciano y sentarme en la Asamblea del Sanedrín'; si se estudia por amor, el honor vendrá por haber envejecido estudiando"[55].

---

[53].- Prólogo de Emilio García Estébanez a su traducción de la obra de Johann Valentín Andreae *Cristianópolis*. Editorial Ayuso, Madrid, 1996, pp. 85-89. Mi amigo Emilio García Estébanez fue un dominico vallisoletano que murió joven, poseedor de una brillantez difícilmente superable. Sirva esto de agradecimiento a su memoria y a la de otros filósofos y dominicos vallisoletanos también amigos, que crearon el Estudio de Estudios Filosóficos de Valladolid, que aún sigue editando la excelente revista *Estudios*.

[54].- *Talmud*, Shabbat 31 a.

[55].- *Talmud*, Nwedarim 62 a.

Para padres que son malos maestros y para maestros que son malos padres repetimos hasta que nos cae la boca: "nuestros rabinos han enseñado que un hombre debe vender todo lo que tiene para poder casarse con la hija de un hombre culto, ya que si fallece o es desterrado tendrá la seguridad de que sus hijos serán hombres cultos; pero no deberá casarse con la hija de un ignorante, porque si muere o parte al destierro sus hijos serán ignorantes"[56]. La hierba crece en las mandíbulas del perezoso para el aprendizaje, pero su apetito de oscuridad no se saciará: "nuestros rabinos han enseñado a encender en *Hanucá* una vela por cada hombre y su hogar; pero el que es escrupuloso enciende una lámpara por cada individuo de la casa, y el muy escrupuloso encienden ocho lámparas el primer día, y gradualmente va disminuyendo si número a razón de una por día. Esto, de acuerdo con la escuela de Shammay; la de Hillel señala que debe encenderse una por día y después que debe irse aumentando progresivamente hasta llegar al número de ocho"[57]. Los buenos maestros han aprendido en la escuela de Hillel, maestro de maestros; por eso, encendida la última lámpara de nuestra sabiduría, aún seguiremos siendo una simple lamparilla que responde al astro sol cuando es requerido por él para que ejerza su suplencia: "se hará lo que se pueda".

---

[56].- *Talmud*, Pesajim 49 a-b.

[57].- *Talmud*, Shabbat 21 b.

De otro modo enseñar a corregir

Maestro que no corrige no rige. Primero rectificar, hacer lo recto y correcto, luego, regir juntos, *co/regir*. Se acabó la *Escuela de mandos José Antonio*. Se acabaron los "corregidores" de Indias. Yo situaría en último lugar a *Danda*, por encima de ella a *Dama*, por sobre ella a *Shama*, y en la cima a *Bheda*. Enseñar, de *insignire* e *insignare* en latín, es delimitar, señalizar *asistencial-ad/sistencial*, sentarse junto al pupilo educándole para asistirle (*ad sistere*: estar sentado junto a para asistir). Asistencia es *pedagogía,* caminar junto al niño conduciéndole.

Sin este *interés* no hay *entre*. Lo objetivamente interesante ha de serlo intersubjetivamente para maestro y alumno. Si la persona es relacional, ¿cómo podría ser lo contrario una escuela de personas? Estar hastiado es el sentimiento del "hasta aquí", una inhibición conformista que se apalanca en la nada. Qué triste entonces mirar a unos ojos que no nos miran; alguien habla de algo y nadie oye nada de nada.

Aunque Franz Gall creyó que las funciones del cerebro podían localizarse fragmentariamente en algunas de sus regiones, los neurotransmisores realizan la unidad estructural neuro/psicosomática entre sentir e inteligir, si bien en el sistema nervioso no se dan unos fenómenos puramente bioquímicos que luego el cerebro tradujese en percepciones: no es tan sólo en el cerebro donde la sensación se produce. Pero hoy, según la *idología* del pancerebrismo, el cerebro es el órgano de la individualidad de la mente y de la conciencia, la mismidad (*self*), una maquina causal física que determina la mente. Se ha ido extendiendo la idea de que las ciencias del cerebro posibilitan entendernos a nosotros mismos con sólo investigar cómo se comportan e interactúan las células cerebrales. Alegrías y penas, recuerdos, identidad y libre voluntad serían el efecto de un montón de neuronas o células nerviosas y de moléculas asociadas. La "filosofía neurológica", darwiniana, con su *mereological fallacy*, atribuye a la parte (*méros*) el valor del todo. ¿Y la *dignidad* quién, qué, cómo?

El educador comprueba lo que ya existe y adivina lo que todavía no es más que posibilidad y da al educando confianza en sí mismo para que haga realidad su sentido siguiendo el consejo de quienes van por delante: "cada día, Sancho, dijo don Quijote, te vas haciendo menos simple y más discreto. -Sí, que algo se me ha de pegar de la discreción de vuestra merced, respondió Sancho: que las tierras que de suyo son estériles y secas, estercolándolas y cultiván-dolas vienen a dar buenos frutos; quiero decir que la conversación de vuestra merced ha sido el estiércol que sobre la estéril tierra de mi seco ingenio ha caído; la cultivación, el tiempo que ha que le sirvo y comunico"[58].

---

[58].- Cervantes: *El ingenioso caballero don Quijote de la Mancha*, XII.

Directivo o permisivo, lo importante es que el maestro abra horizontes, no sólo que la cabeza del discípulo esté bien llena (cabeza de becario), sino también bien hecha y diseñada. Hay instruidos que no saben pensar, y otros que, teniendo cultivada la inteligencia, dejan yermo el corazón. Sin instrucción no hay educación, pero con ella sola tampoco: "de la educación se distingue la formación mediante la creación de un tipo de ideal coherente y determinado. La educación no es posible sin una imagen del hombre como debe ser. Lo fundamental en ella es la belleza, en el sentido normativo de la imagen anhelada, del ideal"[59]. No sirven, pues, esas escuelas *light*, invernadero de mimados, jardines de infancia, aunque con Paul Gauguin "prefiero pecar de confiado, aunque me lleve mil decepciones, a vivir desconfiado de todo y de todos; en el primer caso se sufre sólo en el momento del desengaño, y en el segundo se sufre constantemente". No enseñamos para parlotear de todo un poco, nuestra especialidad no es no tener ninguna especialidad; ni explicar textos obligados, ni transpirar escuela neutral. Su dinamismo va en pos de lo profundo de la realidad, no de sus adiposidades; enseña para abrir mentes y desatascar corazones abriendo con sus manos la tierra, pensando con ellas, desescombrando con ellas, y con ellas descubriendo el tesoro enterrado. La acción prueba el valor de la inteligencia, enseñamos a pensar como personas de acción para actuar como personas de pensamiento. Al esto decir quisiéramos evitar el practicismo: unas matemáticas inteligentemente construidas pueden humanizar.

---

[59].- Jäger, W: *Paideia: los ideales de la cultura griega*. FCE. México, 1988, p. 19.

No existen a priori normas fijas ni épocas con perfil concluido, eso sólo es posible en las épocas que se están configurando; ellas han de venir después, no antes de la formación[60]. Aunque se alabe a las "personalidades" que parecen saber cómo servir a "la época" y dominar en su nombre, el género humano comienza con cada persona. Cada niño inaugura la historia de la humanidad y la de la educación. Para él todo es nuevo, nada se repite, su mirada es inaugural. Cualquier aprendizaje significativo que pretenda suplantar el yo del discente o del docente está condenado al fracaso.

El maestro asiste al alumno en sus deficiencias dando humor al que tiene sólo manos y manos al que solo tiene alas. No es la gallinácea que incuba con la misma formalidad un huevo animal que otro de mármol. El mal cazador, fiado en su dominio teórico de la escopeta, en vez de cobrar un ciervo, mata al perro; si se descuida, mata a los dos con su rifle de doble cañón. Maestro es quien estudia más para hacernos estudiar mejor ahorrándonos los tiempos perdidos por él mismo en su aprendizaje confundiendo galgos y podencos. Cuando algún alumno desvergonzado reclamaba mejor nota para algún pésimo trabajo suyo, yo le decía: "el trabajo de usted raya tan alto, que me considero incompetente para juzgarlo. Busque un tribunal"[61]. Ganas me daban de decirles: "amigo, me debes un favor enorme: eres

---

[60].- Buber, M: *El camino del ser humano y otros escritos*. Editorial Mounier, Madrid, 2013, pp. 26-30.

[61].- *Ibi*, p. 321.

tonto de remate y todavía no se lo he dicho a nadie". Igualmente, cuando un colega romo me dice "tengo una idea", también me dan ganas de preguntarle: "¿de quién?". El asno de Apuleyo recobró su forma humana comiéndose una rosa, los tragaldabas se comen una rosa a las finas hierbas para convertirse en asnos.

El libro es un palimpsesto interminable, pero los autores no: no cabría evitar la repetición sin cambiar de yo, aunque no "toda autobiografía se reduce a una colección de nenúfares en charca pestilente"[62]. Virgilio, creyendo que su obra iba a ser *aere perenniora*, más duradera que el bronce, aconseja aguardar nueve años para publicar un escrito, ¡el novenario como prueba de fuego, como si no pudieran escribirse nueve libros en un año! No el tiempo debe dar la razón del libro, es éste el que debe dar la razón de aquél. La esposa de aquel profe F.Q. tenía tanta confianza en las virtudes de su romo marido, que esperó a que pariese un minúsculo ratón.

Tampoco son mancos los docentes que presumen de investigadores: "conocedor de mi flaqueza —la condescendencia– cierto contertulio de café, apurado por el apremiante compromiso de escribir una memoria científica, me suplicó angustiosamente que le prestara alguno de mis trabajillos inéditos. -Precisamente tengo en el telar uno acerca de la célula en general. Te lo regalo para salir del paso, con tal de que me des palabra de honor de conservarlo inédito.

---

[62].- *Ibi,* p. 240.

B: -Acepto con mil amores. Llegado el día, leyó la disertación, que satisfizo plenamente a sus superiores jerárquicos. Tras largo olvido, B. me abordó en la calle, diciéndome: 'convendría publicar *nuestra* disertación. Pasaron dos lustros más. Vuelvo a toparle casualmente en Madrid, y con encantadora desenvoltura me sorprende con esta noticia: -ya sabrás que, para no perder la oportunidad, y a instancias de los amigos, publiqué hace cuatro años *mi* memoria sobre la célula. - Lo siento en el alma, repliqué, porque yo, creyéndola inédita, tomé del borrador algunos párrafos para un libro. Y ahora voy a resultar plagiario tuyo. B, con aire de bondad paternal: tranquilízate, no pienso reclamar, qué diablos, para algo somos amigos[63].

Vale para mí, el que firma al calce, esto: "tú serás el que ha leído todo, el que ha viajado y conquistado el mundo, el culto, el ensayista, el prosista, pero el poeta soy yo"[64]. Hay quienes sienten más la unidad del universo que la unidad del yo, y a la inversa, porque no es fácil encontrar la armonía entre amar al prójimo y amarse a sí propio: ¿quién al buscarla no se siente *fraudatus a desiderio suo*? La perfección es maculada por la única hoja caída del árbol en el hasta entonces impoluto jardín borgiano: "mira la hoja caída del/ rosal como tu suerte: te da señales de vida, te da señales de muerte". Por lo mismo, tampoco me resulta fácil embonar el "hoy sí" con el "mañana será", y el "hacia adentro" con el "¡a las barricadas!", porque

---

[63].- *Ibi*, pp. 310-320.

[64].- Zaid, G: *Tres poetas católicos*. Editorial Debolsillo, Barcelona, 2021, p. 118.

la plenitud del yo es incolmable. Gabriel Zaid dijo a Carlos Pellicer: "mira, Carlos, tienes que rehacer estas hojas", a lo que el poeta mexicano respondió: "¿qué significa rehacer unas hojas, si estamos frente a un árbol?" Los árboles impiden ver el bosque, el bosque impide ver los árboles. Hace falta haber vivido mucho y con mucha sabiduría para traducir esa experiencia de la realidad de Zaid en este poliapotegma, todo un mapa ideográfico:

"1. Prácticamente todos los grandes escritores, artistas y personas renombradas se promueven. 2. Prácticamente todas las personas que se promueven para llegar a ser grandes escritores, artistas, y personas renombradas fracasan. Se dirá que, además de promoción, hace falta un valor intrínseco al promotor, pero también aquí la situación es paradójica. 3. Hay muchas obras y personas mediocres entre los grandes nombres. 4. Hay muchas obras y personas desconocidas que valen más que otras de renombre. Esto puede reflejar, simplemente, que el respetable público, menos manipulable de lo que se cree, es capaz de equivocarse por sí mismo. *Renombre* es un misterio, y las personas renombradas deberían tener modestia sobre su propio misterio. 5. Prácticamente todas las personas renombradas tuvieron una fe casi irresponsable en su obra y en sí mismos (con dudas igualmente irresponsables)"[65].

Autorretrato impresionista: a estas alturas de su biografía literaria todo apunta a que Gabriel Zaid va dejando sus obras por el

---

[65].- *Ibi,* p. 320.

camino entre algunas personas amadas; como dijera Carlos Pellicer "sus escritos han sido escritos con la lógica de los aviadores. El aviador, desde su avión, hace el mundo a su antojo. Con medio *looping* puede mover el lugar de las cosas, y con un *tonneau* consigue fácilmente retorcer el paisaje. La de los aviadores es una lógica dinámica que no tiene nada que ver con la del resto de los hombres. Cuando el piloto es muy hábil para ejercitar actos de acrobacia, se tiene la impresión real de que no es el avión, sino las cosas las que se mueven. El aviador antes que otra cosa es artista. Podrá tener ciencia profunda en motores, estabilidad, etcétera, pero el acto de volar es ya en sí un acto de belleza. Son grandes artistas por la salvaje y magnífica espontaneidad. Volar es el arte que encierra en sí todas las artes y economiza la tarea desagradable de exteriorizarlos. El secreto de toda aptitud consiste en mirar las cosas desde el punto más alto. Cuanto más alto es el lugar, mayor es la actitud desde el punto de vista más alto. Cuanto más alto es el lugar, mayor es la aptitud para descubrir y gozar, y mayor también el desinterés, pues se llega al egoísmo espléndido de ser el único y su propiedad. Allá arriba no le importa a uno nada. Nada se recuerda, nada se desea. Si acaso en este aturdimiento divino se percibe de cuando en cuando el deseo único de no volver a tierra jamás. La muerte de Ícaro, el gran aviador griego de hace diez mil años, se debió, sin duda, a ese deseo saludable y fatal de volar siempre, de no regresar nunca"[66]. ¿A quién no le recordará este texto al *Vuelo de noche* de Saint-Exupéry? Zaid, que con los

---

[66].- *Ibi*, p. 301.

filósofos griegos practica el arte de mostrarse ocultándose, merece estas palabra de uno de sus poetas: "en medio de la dicha de mi vida/ deténgome a pensar que el mundo es bueno".

De otro modo enseñar a ser decente

Si existen dos palabras mayores en la historia de la escolarización son *bueno* y *malo*. Cuando la escuela las ha negado, el maestro ha sido investido caballero de una escuela nihilista. Individuos y naciones hacemos el mal, pero defendemos el bien y defendemos el bien haciendo el mal, he ahí la victoria del escepticismo. En general, los buenos son tildados de tontos, pero los malos acarrean desgracia; para los buenos se pide recompensa; para los malos, infierno. Ser malo es reprobado y reprobable, pero en ese terreno ni son todos los que están, ni están todos los que son.

Que los malos triunfen en este mundo aunque hagan daño y que gocen como resultado de sus tropelías de eterna beatitud es algo que ni antes ni después de Kant se ha tenido la osadía de defender con la cara alta. En realidad, hasta los malos anhelan vehementemente la felicidad, entendida como aquello que es bueno para ellos. Cuando Robinsón encuentra al fin su anhelada isla se encuentra feliz como una perdiz. *Bonum faciendum, male vitandum*, hacer el bien y evitar el mal, regla áurea; incluso cuando el malo malea siente que su carencia apunta hacia el señorío del bien.

Particularmente, aun siendo socrático, no sigo a Sócrates en que sólo el ignorante se equivoca cuando hace el mal, que para el maligno constituye su más preciado bien. El gato siempre cae de pie porque siempre quiere el bien, aunque sea arañando la garganta de los otros.

Difícil saber por qué bueno y malo constituyen el Castor y Polux de la gramática humana, pero entre ellos existe una imantación sólo comparable con la repulsión que al mismo tiempo sienten entre sí. Cuando exploro mi propio ser, me siento Jack el destripador. Desde que no uso de razón, todo me lleva a sentir bueno/y/malo como algo más íntimo que mi propia intimidad, y sólo un tarado existencial, un sociópata irrefrenable, ha podido postularse como amoral enemigo del bien y del mal y amigo del "más allá de bueno y malo". Sin embargo, la otra parte de su alma se compadecerá del caballo herido y le limpiará solícitamente sus lágrimas con el pañuelo de seda en el que estaban grabadas sus letras iniciales *B* y *M*, bueno y malo, *simul iustus et peccator*. Ese pañuelo era el de Nietzsche, ya en plena oscuridad mental.

Como persona y como maestro (¿se podría ser lo uno sin lo otro?) siento la magnitud del cielo estrellado sobre mi cabeza y la ley moral dentro de mi pecho, los dos ejes de mi existencia, el *shema Israel* que el judío recita dos veces al día, en el oficio de la mañana y en el de la tarde: "escucha, Israel, el Señor nuestro Dios es Señor Único. Bendito sea un Nombre por siempre jamás. Amarás al Señor tu Dios con todo tu corazón, con toda tu alma, con todo tu poder, y llevarás muy dentro del corazón todos estos preceptos que yo te doy. Enséñaselos a tus hijos y, cuando estés en tu casa, cuando viajes, cuando te levantes, habla siempre de ellos. Átatelos a tus manos para que te sirvan de señal; póntelos en la frente, entre tus ojos; escríbelos en los postes de tu casa y en tus puertas"[67]. Imposible ser maestro sin ser filósofo: "en nuestro tiempo, aún filosóficamente estéril en amplios círculos, se pregunta con demasiada ligereza, a la hora de valorar a un filósofo y su trabajo, si todo en sus constataciones está libre de contradicción, si no se encuentran en uno u otro lugar huecos en su sistema de pensamiento, o si algunos de sus elementos permanecen inexplicados, en vez de preguntar primero por la profundidad con que el autor ha penetrado en el ser, qué hechos profundos ha descubierto, o qué ha entendido por primera vez"[68].

Los maestros no siempre logramos evitar que las librerías estén llenas de excrementos de aves de pluma: "no hay cosa que pueda estar tan indecentemente hacinada, tan insulsamente concebida, tan desmayadamente redactada o tan inútilmente dicha que no encuentre su asiento en las librerías"[69]. Me lo aplico en la parte alícuota que me corresponda. Admiro a la burra de Balaam

---

[67].- *Dt*, 6, 4-9.

[68].- Hildebrand, D. von: *La filosofía y la personalidad de Max Scheler.* Ediciones Encuentro, Madrid, 2019, p. 19.

[69].- Andreae, J-V: *Cristianópolis.* Editorial Ayuso, Madrid, 1996, p. 162.

pues, aunque no brilla por su inteligencia, atina sobre todo cuando protesta por los palos que recibe[70].

¿Era sincero Teofrasto con su "callo porque de lo que sé resultaría inoportuno hablar, y de lo que fuera oportuno no sé nada"? Me parece un mentiros pretencioso, pues todo decir es insuficiente porque no dice todo lo que debería decir, y exuberante porque siempre dice más de lo que debería decir. Afirmar con Wittgenstein que "de lo que no se debe hablar es mejor callar" es falso también, porque todo decir intenta decir lo indecible o lo calla, como aquel que, preguntado por el valor técnico de cierto filósofo, respondió: "es un excelente padre de familia".

Si embargo, los lenguajes viven una plétora de agresividad creciente por influencia de otros países que no saben decir "madre", sino "puta madre", ni culo, sino "tu sucio culo", ni caca, sino "me cago en tus muelas". ¡Qué *diver* la chingadera! El fenómeno de la movida juvenil existía en la Roma de Teodosio (siglo IV d.C), época en que los jóvenes se dejan crecer las melenas (*crines maiores*) y se embuten pantalones ajustados (*bracae)* traídos por los legionarios desde Germania, pantalones que una vez deshilachados pasan a llamarse *racae*, de donde podría venir *rácano*. También visten chaquetas lisas de piel de vaca (*indumenta pellium*), como los actuales rockeros. Además, según el cronista Anmiano Marcelino, una

---

[70].- N*m*, 22, 21-30.

cantante concita en el foro romano a 20.000 jóvenes fans. Muchos de ellos se reúnen por la noche haciendo sonar músicas en su mayoría basadas en el toque de tambor. Teodosio ya está muy preocupado con este comportamiento cada vez más extendido, siendo su propio hijo, el emperador Honorio, quien decide imponer a los estrafalarios -tan discordantes respecto de los cánones clásicos- la expulsión del Imperio, la confiscación de bienes y la pérdida de la ciudadanía romana. Empero, por la insistencia juvenil, por la influencia bárbara, o por la dejación de las instituciones de un Imperio a la sazón torpe y decadente, tal castigo nunca entró en vigor. Marcelino, que habita en Constantinopla y cada año viaja a Roma, muestra su asombro ante las cada vez más decadentes costumbres capitalinas, algunas de las cuales inducen a pensar a los intelectuales que el fin del mundo se halla próximo, sensación que por cierto volverá a sentir el mismísimo san Agustín cuando el 24 de agosto del 410 ve aparecer al bárbaro Alarico ante sus barbas.

De otro modo vivir y jubilarse

El autor de *Vidas franciscanas*[71] nos recuerda que Fray Martín de Valencia, además de los ayunos de la Iglesia y de la regla, ayunaba otros muchos días y que, como san Francisco, traía consigo ceniza para echar en la cocina y en lo demás que comía, por quitarle el sabor, siendo tan áspero consigo, que no perdonaba a su propio cuerpo ningún género de penitencia, antes lo castigaba con mucho rigor para así sujetarlo al espíritu, por lo que no estaría presente en ningún concurso de *Master Chef*. Y tanto amor y celo tuvo a la santa pobreza, que, aun en su sepultura, la quiso guardar, porque, por devoción de un fraile, quitándole del ataúd una tabla vieja para ponerle otra nueva pintada, fueron oídos en la sepultura grandes ruidos, hasta que tornaron a poner la tabla vieja. Lo que hacía primorosamente era cantar después de maitines un cántico de divinas alabanzas tan suave y apacible que parecía cantase con voz de ángel. Otras veces se arrobó de tal manera predicando la Pasión, que en una de ellas, que tornó en sí más presto de lo que solía, quiso acabar su sermón pero la gente ya era ida, algo que no es tan grave si lo comparamos con mis propias prédicas, de las cuales se van mis fieles

---

[71].- Jerónimo de Mendieta, *Vidas franciscanas*, Editorial Imprenta Franciscana, México, 1945, p. 14.

antes de que yo me disponga a terminar, temerosos de que antes les exterminase.

Fray Antonio de Ciudad Rodrigo y sus conventuales andaban descalzos y con hábitos remendados; dormían en el suelo, con un palo o piedra por cabecera. Traían un zurroncillo en que llevaban el breviario y algún libro para predicar, no consintiendo que se lo llevasen los indios. Su comida se componía de tortillas, que es el pan de los indios hecho de maíz y ají. Su bebida siempre fue agua pura, porque vino no lo bebían: "cilicios, cilicios", hubieran pedido, pero nunca "vino, vino". Si ese era un requisito de ingreso, no extrañará la actual ausencia de vocaciones.

Fray Francisco Jiménez fue uno de los primeros que aprendieron la lengua, Así vivieron y así envejecieron. En tiempos pretéritos jubilarse apaciblemente a los cincuenta años de la vida constituía un jubiloso *jubillaeum*, que con un cuerno de morueco convocaba a la fiesta. Anciano era sinónimo de persona notable por su dignidad; todavía en las primeras comunidades cristianas se concedía al anciano el significado etimológico de presbítero, sinónimo de sacerdote. En comparación con las otras edades los supérstites son muy pocos, supervivientes áureos y testigos y maestros capaces de amonestar sobre los errores de la vida pasada. Había que "respetar las canas".

Según Ortega, cuando la esperanza de vida pasó a ser de cincuenta años, eran tres las etapas vitales. En la primera, hasta los treinta años, se toma conciencia del mundo; en la segunda, se procura remodelarlo; finalmente, desde los sesenta se va pasando del todavía sí al ya no. Sin embargo, hoy los ancianos son oficialmente *clases pasivas*, un gueto del que no deberían salir: "¿qué se habrá creído este viejo?, ¡que se vaya y nos deje en paz!", "¡muérete ya, viejo!". O, más piadosamente, "tú lo que tienes que hacer es irte a casa, a pasear, a jugar la partida, a ver la televisión". Sin una cultura de la senectud, los vejancones no pasamos de pesimistas tecnológicos, dinosaurios centenarios.

Para muchos jubilarse es sentirse inútiles. El estado de amedrentado caracteriza a las personas mayores, pues jubilarse significa prepararse para el adiós definitivo. Y los mayores aprenden a tragar esta etiqueta vergonzosa asumiendo el estigma de ser una gravosa carga estatal y familiar. Al jubilarme me recomendaban que "disfrutase de la vida", como si trabajar produjese cáncer. Decir que quien no respeta a un mayor es un imbécil, que un viejo es una biblioteca que arde, y que la dignidad de una sociedad se mide por el trato que procura a sus ancianos, escandaliza.

Al paso que vamos, dentro de no mucho tendrá lugar la distanasia obligada de los mayores alegando entre otros motivos la insostenibilidad de la seguridad social, es decir que, por mucho que hayas cotizado en vida, nunca tendrás dónde caer muerto. Si el incremento demográfico de la *cuarta edad* incluye a todos los mayores con dependencia física y pérdida total o parcial de su autonomía personal, guerra a los gerontogenes.

Existen muchos vínculos entre la emigración y la vejez. Los viejos y los emigrantes son igualmente apestados, pues ambos son mensajeros de la miseria, aunque ni la edad cabe en un ataúd, ni la emigración en una patera. Pero no. Según Azorín, "la vejez en un escritor es la falta de curiosidad literaria, perder el apetito de comprender". Llegar a viejo sin sabiduría ni ganas de tenerla, constituye el fracaso de la escuela y de la cultura en general. A peor escuela, peor senectud. Y Schopenhauer: "en la vejez, la experiencia y la instrucción deberían haber adquirido toda su riqueza: todo está aclarado. Por eso se saben más a fondo las cosas que ya se sabían de la juventud, porque para cada noción se tienen muchos más datos. Lo que se creía saber de joven se sabe realmente en la edad madura, mientras que en la juventud nuestro saber es defectuoso y fragmentario. Sólo el llegado a una edad muy avanzada tendrá una idea completa y exacta de la vida"[72].

¿Qué hacer con el regalo de la longevidad? Empezar a aprender lo aún no iniciado y a continuar aprendiendo sobre lo

---

[72].- Schopenhauer, A: *Arte del buen vivir y otros ensayos.* Edaf, Barcelona, 1985, p. 27.

aprendido. De este modo tendremos una *senecto/juventud* dorada, más acogedora y con menos quejas. Esos viejos no están solos, sino que generan sociedad, amistad, porque son *solos acompañados acompañando*. Vejez o enfermedad: la angustiosa sensación de que te falta tiempo. Son los *ancianos dinámicos*. Tiempo habrá para descansar, lo dijo la madre de Machado "hijo, para descansar, es necesario dormir, no pensar, no sentir, no soñar", y don Antonio, que es un hijo poeta, responde: "madre, para descansar, morir". Muere antes, y menos feliz, quien se ahorró el cansancio. Descansemos en paz tras el cansancio.

Si lo anterior es verdadero, entonces es falso que el mero desarrollo económico traiga consigo un pan bajo el brazo para los viejos. En su *Posible situación económica de nuestros nietos,* consideraba Keynes, erróneamente que "si la política económica se ocupaba de resolver los problemas a corto plazo, el largo plazo se ocupará de sí mismo". Pero no. Los nietos de Keynes, o están criando malvas, o viven muertos en refugios para intentar sobrevivir al cambio climático. No vivirán en un mundo más opulento, ni con mejores servicios socio/sanitarios, ni con turismo pagado. No, no va a ser así, y en esto nos hemos equivocado casi todos, empezando por mí en *El año 2000* publicado en 1971 con el pseudónimo de Ana D. Hernández, mi hermana, para evitar la censura obligatoria.

Algunos hablan ya de la *quinta edad*, la del hombre de silicio para finales del siglo XXI gracias a la ingeniería genética. A este paso sólo nos van a adelantar en longevidad los gatos con sus siete vidas, por ser en Egipto animal sagrado. Haremos pipí y KK como ellos en una caja séptica, si es que funciones tan vergonzantes no hayan sido superadas por entonces. Una sociedad que, lejos de procurar centralidad a esos ancianos, los arrincona, cava su propia tumba.

De otro modo relacionar profesión y vocación

No es tan fácil la vocación como la pintan. Max Weber recordó que el término alemán *Beruf* dice a la vez profesión *(pro-femi)* y vocación *(Berufung)*. Para él existen al menos tres profesiones: sacerdocio, medicina y magisterio, en la medida en que las tres buscan sanar: el cuerpo (medicina), el alma (sacerdocio) y el espíritu (magisterio); las tres, pues, tienen algo de rabínicas, es decir, de sagradas *(heilen*: sanar y a la vez salvar) y en las tres se da también una dimensión diacónica/ministerial/servicial. Las tres se distinguen como profesiones de autoridad, por eso el anticlericalismo, la brujería y la pereza son enemigas de sacerdocio, medicina y magisterio. De todos modos, el peor parado ha sido el sacerdote; antes, el moribundo lo primero que gritaba en caso de urgencia era "¡confesión!"; ahora "¡ambulancia!". Más que el maestro se busca al profesor de informática, he aquí algunos mitos:

Contra Antígona, servilismo: Antígona muere martirialmente por desobedecer las injustas leyes de la ciudad, opuestas a las leyes eternas. También hoy los maestros siervos de las leyes positivas obedecen las leyes injustas de la ciudad.

Contra Casandra, superficialidad: la sibila troyana Casandra había recibido el don de la profecía junto con la maldición de que nadie iba a creer sus proféticas verdades como puños. Tener pocos amigos por decir muchas verdades no reditúa, por eso no gusta al docente "meterse en líos".

Contra Hércules: Heracles, famoso por sus *athloi* (tareas atléticas), sus *práxeis* (empresas ejecutadas por cuenta propia) y sus *parerga* (pequeñas aventuras durante los doce meses laborales), ha sido suplantado por indocumentados curricularmente.

La equi/vocación de Sísifo: El maestro deficiente está condenado a resbalar y a dejar caer su gruesa piedra cuando apenas araña la cumbre que le liberaría, para volver siempre al mismo fracaso.

En contra de la doble moral de Jano. Jano, dios romano de las dos caras (January mira por una cara hacia el año viejo, y por otra hacia el nuevo), sigue activo en su contraposición entre vida privada y vida profesional, como si fuesen compatibles el alcoholismo en la casa y la predicación de la abstinencia en la escuela. Pero llevamos a casa nuestros hábitos, positivos o negativos, y quien no tenga una vida privada digna tampoco será un docente digno: la indignidad del indigno salta cuando menos se esperaba. El docente mala persona no logrará ser buen docente.

En contra de la hiperespecialización de Vulcano y de Prometeo: Vulcano, dios del fuego y de la metalurgia, crea en su fragua hombres de metal que le obedecían, antecedente de la robótica. Prometeo quiso robar el fuego a Zeus para entregárselo a los mortales, antecedente de Robin Hood. Vulcano y Prometeo cuentan con seguidores: los maestros-robots para las tareas sectoriales con sus chips y sus circuitos integrados.

En favor del curriculismo del laurel olímpico: si los atletas griegos eran premiados con una corona de laureles por su excelencia, muchos docentes buscan el reconocimiento exterior ignorando que el premio está en el enseñar bien. Sólo tiene derecho a reivindicar los justos derechos laborales quien los testimonia sin el inaceptable solecismo "ellos me engañarán en el sueldo, pero en el trabajo yo a ellos".

El prestigio de las Academias de pago: el respeto al magisterio es hoy institucional, vinculado a centros educativos en los cuales una élite de popes prestigiosos posee tres características: *a)* publican en inglés, *b)* trabajan *inter campus* exportándose informáticamente (videoconferencias interactivas en tiempo real) haciendo omnipresente su mensaje, contra el que no cabe competir por los medios clásicos del libro y de la enseñanza cara a cara, *c)* aplican sus conocimientos a los programas diseñados por el poder, a los que pretenden servir de legitimación. Si no se publica en inglés, ni se ocupa el *inter campus*, ni se bendice el poder multinacional, no se pertenece a la enseñanza

como campo significativo e institución de sentido. Estos megapro-
fesores abandonan a los alumnos de los primeros cursos, y ejercen un
magisterio selectivo y mínimo. Los cuerpos de conocimiento recla-
man un estatus no sólo de especialistas en tal o en cual sector, sino
una jurisdicción absoluta sobre la totalidad del sector: pontifican
sobre lo divino y lo humano, salen en la red luego existen. Son
intelectuales bonitos, como los definió Amando de Miguel, áulicos,
palatinos, *ex catedra*, tolerantes tolerados por el Imperio, al que ponen
altavoz. Ellos presiden la provisión de cargos, la distribución de
becas, las fundaciones, los premios, el poder de decir incluso lo que
ha de regir en el futuro, y todo ello al servicio de lo económicamente
correcto. Como la de Alifanfarón de la Trapobana, van envueltos en
una nube de polvo de cohortes de aduladores, que repiten con
servilismo los tópicos de sus maestros para alcanzar su mismo estatus
el día de mañana, con su renovado séquito. Así pues, aunque presu-
man de lo contrario, su *ciencia* es para el Banco Mundial y el Fondo
Monetario Internacional, de los cuales son sus satélites. Tales voceros
de su amo, nunca voz de los sin voz, son reproducidos por los
aparatos ideológicos hasta en la escuela primaria.

De lo que se quiera, "de quo libet"

En las antiguas universidades europeas de renombre, como la de Salamanca, uno se encuentra por los pasillos con Fray Luis de León y con cualquier lumbrera de la escolástica jurídico/política que defendió la dignidad del indio. Tenían allí algunos de los grandes maestros un par de privilegios maravillosos. Uno era el de dar las clases de pié, justo en el quicio de la puerta de su aula, como sosteniendo el mundo del saber al modo de los *hassidim*, y como si hablaran para toda la humanidad, para el mundo recién ampliado. Los maestros más sabios, elegidos por consenso entre sus alumnos, devenían *catedráticos cardinales*, pues en latín *cardo*, con su genitivo *cardinis*, significa eje, vía axial. El otro privilegio era el de enseñar lo que quisieran. A esas preguntas improvisadas, las más urgentes para los discentes, el gran maestro, sin haber preparado nada de antemano, respondía a las objeciones de sus pupilos, las *quaestiones disputatae*. Dada la importancia concedida a la dialéctica, a la diatriba, a la habilidad y al ingenio, estas cátedras *de lo que se quiera* o *cuodlibetales* (*de quo libet*) despertaban hasta a los somormujos adormilados.

Lo de convertirme en quicio magistral no lo llevaría bien con la espalda desvencijada y la cintura descangarillada, pero lo de hablar improvisando colmaría mi vocación, que es la de ver salir de mi boca/vocación discursos cuya existencia no conocía hasta ese momento yo mismo, cohonestándolos a modo de serpentinas de colores. Ser maestro es dar cien veces en el dedo y una sola en el clavo; un maestro que da sus clases con la mano vendada por dicho golpeteo no es un maestro manco, es un valiente. Descerrajar los candados de la ignorancia, aunque sea con dolor, es preceptivo desde hace milenios: quien añade ciencia añade también cansancio. Y volver con ese dolor al duro banco es una fragua sin la cual no enrojece sabiduría alguna. Duele, luego existo.

Con la venia, me gustaría añadir que hablo o procuro hablar una bella prosa poética (la mala me horripila), pues algunos versos son para mí *casi* tan buenos como la mejor prosa. La cercanía entre ambos géneros literarios es tal, que el verso se convierte en versículo, y la prosa en *prosaía*, según mi añorado Luis Cobiella. Prosa que no sea verso decepciona como verso que no sea prosa; hablaría pues, muy cuidadosamente y con la mejor belleza que me fuera dado hacerlo, y en este menester me sentiría colmado. Para mí al menos eso sería mucho más excitante que hablar con algunas personas vivas físicamente pero atorreznadas culturalmente, con tediosa flatulencia. Cualquier lengua viva hablada por personas espiritualmente muertas es automáticamente lengua muerta. Estamos llamados a dar vida y lengua a los muertos, pero no a quitar la vida ni la lengua a los vivos.

La buena prosa de los idiomas clásicos me gusta tanto, que si pudiera enseñaría en griego, pues en latín ya lo hacemos con el español. Pero, sobre todo, aunque sepa que esa habilidad no está a mi alcance, me dispondría a aprender la lengua de razas humanas extinguidas, como la que supongo que Jahvé hablaba en el Jardín del Edén con Adam –Adán y Eva, varón y varona-, es decir con la humanidad entera. Que Jahvé Dios bajara por las tardes a la hora de la brisa a hablar con nuestros proto/padres significa que éstos hablaban tan divinamente como el mismo Dios el esperanto de la esperanza. El día en que recuperemos esa *lingua franca*, regresaremos al Edén, no *al Este del Edén*, sino a su corazón, sin ángeles de espada flamígera vigilando nada.

Pero, aun en este valle de lágrimas, las lenguas espiritualmente vivas me dan alas: "me hallo sentado en un café, cabe la taza humeante, escribiendo y observando. Y reparo en que un joven pálido, de veinte o veinticinco años, acompaña a su anciano padre, a quien escancia el clásico cazalla, le lía los cigarros, y le distrae conversando o leyendo en voz alta los diarios. Y anoto en mi cuaderno: 'Digan lo que quieran, filósofos adustos, el amor no siempre corre de arriba abajo'. He aquí un ejemplo consolador. Pero cierto día el hijo cae desplomado en el diván, presa de ataque epiléptico; socórrele el padre reteniéndole en sus amorosos brazos hasta la cesación del estado comatoso. Admirado, pregunto al mozo: -¿Estos ataques le dan muy a menudo? –Bastantes días, me respondió, y a causa de ellos el padre acompaña a su hijo a todas partes para hacerle olvidar la terrible enfermedad y evitar una desgracia"[73]. ¿No es lenguaje de ángeles, aunque medie la epilepsia convulsiva en toda relación humana?

El lenguaje del maestro, cada uno de sus relatos o referencias, eferencias y aferencias, debería ser verdadero para dar más fuerza y colorido a lo narrado: "en el balcón de enfrente, un hombre, que lo mismo podía ser un empleado que un modesto burgués, me espiaba con extraña terquedad. Indudablemente, sentía ardiente curiosidad por averiguar lo que yo me traía entre manos. ¿Era yo un relojero, un arreglador de máquinas de coser, un grabador, un tintorero, o simplemente un loco? Imposible adivinarlo. Al fin, cierto día, cediendo a su vivísimo deseo de conocer al estrafalario vecino, tomó heroica resolución. Con pretexto de vecindad y de ofrecerme sus buenos oficios, me visitó; paseó sus ojos acuciosos por los chirimbolos de mi mesa, y al ver el microscopio me rogó encarecidamente le permitiese mirar por el singular canuto metálico. Algo sorprendido de la audaz demanda, dudé sobre la especie de preparación micrográfica que debía mostrarle, para que ésta no resultase incomprensible enigma, y cohonestar de paso a sus ojos la extravagancia de mis aficiones. Al cabo, escogí un corte de riñón, preparación llamativa, inyectada con carmín, donde se veían, además de elegantes surtidores vasculares,

---

[73].- Ramón y Cajal, S: *Charlas de café. Pensamientos, anécdotas y confidencias.* Librería Beltrán, Madrid, 1947, pp. 153 ss.

soberbios pelotones glomerulares (glomérulos de Malpegio), semejantes a frutos pendientes de un árbol y, mejor aún, a nidos de pájaros fantásticos. Miró un rato el bueno de mi vecino; apartó después el ojo del misterioso instrumento, que debió quizá de tomar por un caleidoscopio y, sin mostrar demasiado asombro, exclamó: ¡Vaya bonito dibujo para un corte de chaleco! Con esta comparación mi visitante se clasificó exactísimamente. En efecto, según rezaba su tarjeta, se trataba de un sastre"[74]. Ese sastre terminó con un de/sastre, por eso casi todos andamos desastrados pero con el síndrome del Sastrecillo valiente.

---

[74].- *Ibi*, pp. 300-301.

De otro modo acampar agradeciendo: aquí estáis los mis maestros

Maestros hay que no agradecen lo que sus maestros les han regalado. Existe en México, camino a la casa de mi amigo desde el aeropuerto, una vía rápida, la *Avenida de los mil metros* que ni siquiera caminé. Convertido en maestro/resma sin haberme conformado con ser maestro res ni maestro cua/res/ma, cualquier sastre mide mi abdomen por el número de libros publicados, más de trescientos al fin, contando con los paridos durante el encierro de la pandemia (*En las cimas de la desesperación, Estos días llenos de noches,* y *De otro modo*). Pensar, escribir y vivir de otro modo exige otear la vida desde las cimas de la otra ladera de la desesperación, con esperanza, llenando de noches los días y los días de noches. En esa delgada arista hemos plantado la tienda con pies de barro y lengua balbuciente, desajustados y peor atornillados. Tomen a Giovanni Papini (*Gog, El espejo que huye*), a Italo Calvino (*El caballero inexistente, El vizconde demediado, El barón rampante*), a Miguel de Unamuno y a Miguel de Cervantes, agítenlos después de leerlos y les saldrá un pobrísimo Carlos Díaz. Doy las gracias a ellos y a la pléyade de maestros sobre cuyas espaldas camino.

Esta frágil tienda de campaña de maestro sobre el alero de la finitud abierta a su fundamento agradece su existencia a *El caballero inexistente* que, aun no existiendo, brilla "con fuerza de voluntad y fe en nuestra santa causa". A la segunda obra, *El vizconde demediado* le agradezco que, sobre la dualidad que se alberga en un solo caballero *dimezzato*, partido por la mitad en un combate amoroso, sus esfuerzos le permiten reganar la unidad perdida. La historia de *El barón rampante* comienza cuando Cósimo se sube a los árboles y promete nunca más volver a pisar el suelo, como así lo hizo. Cósimo crea su propia casa sobre los árboles y consigue comida mediante la caza de animales, y además crea su propia ropa con las pieles de estos mismos, siendo tanta su fama que, hasta el Emperador, si mal no recuerdo, acude a visitarle. Traigo a colación a este barón rampante porque creció con firmeza y determinación constituyendo una acrópolis incendiada. Cósimo no buscó perder el referente terrenal con evasionismo; en lugar de andarse por las ramas, hizo patria de la arista para desde allí mirar también al cielo.

Aquí estáis, los mis maestros. A los pocos años de morir, Marcelino Legido, uno de los santos que nunca serán canonizados, es venerado por quienes hemos tenido la dicha de ser sus discípulos. Hay santos que el cielo impone a la tierra y otros que la tierra impone al cielo, siendo mi maestro santo así en la tierra como en el cielo. Aunque también quiso vivir en la tierra como en el cielo, eso resultó imposible, algo que podría caracterizarse como fracaso de la teodicea.

Emmanuel Mounier nació para que yo renaciera. Y cuando yo muera remoriremos los dos, porque he vivido y morido (sí, morido) con él, aunque en la arena solamente había una huella porque, cuando yo declinaba, él cargaba con mi fatiga. Él abrió todas mis puertas, la puerta de la memoria, la puerta del deseo. Él inició todas mis historias: la historia del saber y la historia del querer y del esperanzar. Él purificó mis tres heridas, la de la vida, la de la muerte, la del amor. Cuando yo muera morirá conmigo el personalismo comunitario, el suyo, para que siga más vivo.

Juan Luis Ruiz de la Peña murió hace veinticinco años. Mi amigo, mitad de mi alma, escatólogo de pies a cabeza, vivió como murió, y murió como vivió en la escucha de lo infinito. Es la detención del tiempo en el instante eterno, a la vez satisfacción y *satis/pasión*. Él sostuvo mi sufrimiento con sus manos bendecidas, presencia y ausencia, hermano y maestro, amigo y mitad de mi alma.

Los demás amigos de toda la vida, aunque en trechos breves, algunos ya en presencia del Padre, aquí seguís también conmigo. Sois muchos, infinitamente muchos, muchísimos muchos, y yo el espejo roto que todavía puede contarlo: sólo con vosotros alcanza mi vida su significado y su razón de ser siendo también la mía. Perdonad si en este recuento no aparecéis uno a uno, sois demasiados y a la vez demasiado pocos, ninguna noche daría de sí para encomendaros uno a uno desde el palimpsesto de esta edad tardía. Mis horas entrecortadas no dan para ya más.

Me resulta duro oír a la que fuera lenguatona portavoz del gobierno, María Jesús Montero, María y Jesús nada menos, que se despacha con soltura diciendo "conciente", "asoluto", "cónsur" o "diputaos", como la señorita Doolittle. Quitando la *ese* a los plurales lleva a ciertas confusiones; puede que para las comadres granaínas ese lenguaje resulte muy familiar, pero a los de Despeñaperros p'arriba se nos hace duro de oír. Espero que no se me llame a capítulo por esta falta de respeto a la autoridad.

De otro modo ser maestro

Tras su muerte el 13 de junio de 1965, el entierro solemne de Martín Buber puso de manifiesto cuánto le valoraba Israel. Presidió el entierro el presidente del Estado de Israel y el discurso principal corrió a cargo del primer ministro. Estudiantes árabes y judíos de la Universidad Hebrea arrojaron sobre su tumba uno de los pocos ramos de flores, algo inusual en aquellos pagos. Sin embargo, esto no impidió que, pocas semanas antes de su muerte, se discutiera en el Parlamento si aceptar la propuesta del alcalde de Jerusalén, de nombrar ciudadano de honor a Buber, pues los ortodoxos y los nacionalistas radicales se manifestaban en contra, aunque la gente común llamaba "oráculo" a nuestro genial ecumenista[75].

El Buber venerado y agasajado es el primero en agradecer, bendecir y dar las gracias por todo y a todos. Me encanta esta *Danksagung* escrita ya a la caída de su tarde en 1958: "cuanto más viejo se hace uno, tanto más crece en él la inclinación a agradecer. Ante todo, agradecimiento hacia arriba. Ahora, más de lo que nunca hubiera sido posible anteriormente, la vida se recibe como un don gratuito, y cada hora que se vive se recibe como un regalo

---

[75].- Buber, M: *Der Jude und sein Judentum*. Lambert Schneider, Heidelberg, I, 1962, 186.

sorprendente, con las manos extendidas en agradecimiento. Después, agradecimiento una y otra vez a cada uno de los prójimos, aunque ellos no hayan hecho nada particular por uno. ¿Por qué? Porque, cuando me encontró, me encontró realmente; porque abrió los ojos y no me confundió con ningún otro; porque abrió sus orejas y aceptó confiadamente lo que yo le decía; y porque abrió aquello a lo que realmente uno se dirigía: el corazón que estaba cerrado. Las gracias que aquí doy a todos no las doy a una totalidad, sino a cada uno en particular"[76]. Sin esa antropología, poca buena teología relacional cabe.

Caminos de Utopía), 1947: "hasta el día de hoy sigo convencido de que la única teoría social -y religiosa- de importancia es la anarquista, pero es también la menos posible en la práctica". Para Buber el *socialismo religioso* de los sionistas cultos estaba animado por una profunda espiritualidad, por un anhelo de lo absoluto y de lo eterno. Semejante socialismo necesitaba almas conversas contra las estructuras universales de pecado: 'religión sin socialismo es espíritu desencarnado y en consecuencia tampoco es verdadero espíritu; socialismo sin religión es carne des/espiritualizada, y tampoco verdadera carne'. Ante el devenir de los Estados no tendrá más remedio que distinguir dolorosamente entre el socialismo dominante *(herrschende Sozialismus)* y el socialismo religioso *(religiöser Sozialismus)*.

---

[76].- Buber, M: *Nachlese*, p. 231. Otra *Danksagung* la escribe en 1963 con ocasión de su 85 aniversario *(Ibi,* pp. 232-233).

Entre ambos se abre una sima, desviándose de la originaria inspiración que consistía en poner el contenido del instante (el socialismo) en el sentido de la eternidad (la fe)[77]. Para este personalista libertario, el Estado no es el mal, ni el poder la encarnación de lo maligno, sino el estatismo y el poderío. Toda revolución comunitaria, como también pensó Mounier, precisa a la vez la revolución personal: "sólo cuando el hombre ha encontrado en sí mismo la paz -afirma Buber- puede ir a buscarla en el mundo". No antes ni después, a la vez. Todo confluye en el *Tú absoluto*. Buber no funda, empero, la relación con Dios en una *religión* establecida orgánicamente, ni en el culto o en la ley, sino en la *religiosidad*: "el encuentro del hombre con Dios no radica solamente en que el hombre se encuentre con Dios".

No habrá paz del mundo sin la revolución personalista y comunitaria, sin comunidades de personas conversas. Pese a todas las proclamas, de los escaparates y de las propagandas, a veces son las mismas jerarquías de cada religión las que menos desean la paz, pues perderían sus privilegios, especialmente el de ser interlocutorios directos de Dios.

No se trata de creer o no creer en Dios, sino en qué Dios cree cada uno. Por eso la palabra Dios, para que resuene significativamente en quien la dice, tiene que venir cargada de contenidos, y

---

[77].- Abraham Schapira: *Werdende Gemeinschaft und die Vollendung der Welt. Martín Bubers sozialer Utopismus.* In *Pfade in Utopie.* Lambert Schneider Verlag, Heidelberg, 1985.

no vacía y sin nada que decirnos, como si no nos conociésemos de nada y de nunca. No sé por qué se sigue pronunciando, aunque tal vez sí sepa para qué: para engañarle, para que salve mi egocentrismo, para por si acaso hay por ahí alguien que me va a castigar de algún demonio y de las calderas de Pedro Botero, para que me sirva y haga mi voluntad, para que me toque la lotería, para que me libre de la peste de la muerte, en definitiva, para que de su ubre pueda llenar mi tripa. Todo ello a cambio de nada: un dios máquina, una inteligencia artificial.

La unión mística de los corazones es meramente literaria en los romances de amor, en los cuales cada uno tiene derecho real y verdaderamente a su propia vida y a su propia muerte. El *tú* tiene su propio *yo* lo mismo que *mi* el mío propio, resultando tan imposible que el otro viva mi vida como que yo viva la suya: si digo *tú*, no estoy diciendo *yo/otro,* sino *tú/otro,* lo cual tiene más de adjetivo disyuntivo que de nexo conjuntivo. Y otro tanto le ocurre al *yo* del *tú* que yo soy para él.

La expresión *otro yo* es arriesgada: si es otro no es yo, y si es yo no es otro. La *"y"* de la dorada flecha cupídica es una maravillosa espina dorada, pero al mismo tiempo un doloroso aguijón con el que se vive, razón por la cual al arrancar la espina se arranca de consuno el corazón. Imposible, pero difícil, no ser *tú/y/yo.* Las palabras unciales *tu y yo* no son de este mundo, ni pueden ser dichas juntas nunca, formando una sola (*túyyo*). La fusión de dos almas tal y como lo plantean los mejores místicos, los maestros del amor y los mejores filósofos como mi adorado Martín Buber, tiene más agujeros que un queso gruyere, dicho sea respetuosamente. Ningún yo admite identidad indisoluble con otro que no sea el yo mismo. El *y* del *yo/y/tú* y del *tú/y/yo* es un animal quimérico, un pegaso, un minotauro, un centauro, una arpía. He ahí la verdad del *y*, sin retoricismo: la *y* es al propio tiempo una *o*, y a la inversa. Ninguna compañía puede consolar aquella soledad última (*ultima solitudo*) que hirió a Agustín de Hipona.

Cuando Juan de la Cruz cantaba al Amado en ansias de amores inflamado, al fin se quedaba sin palabras para tanto y tan grande decir; cuando Teresa de Jesús subía hasta el castillo interior terminaba agotada y –como diría Borges- "des/satisfecha"; y cuando el mayor místico del siglo XX-XXI, Marcelino Legido, pretendía decir las *ipsissima verba* de Jesús, se le echaba oscura y cerrada la noche en-cima. La llama de amor viva y la noche tan amada concluyeron para él en su locura real, es decir, en la locura de amor. Sólo los locos de amor pueden intentar ser *tú* hasta el límite, pero al precio de la en/ajenación que cree poder lo que la razón no puede, pero de la cual no sabe dar cuenta ni razón. Cuando se está cuerdo no se pierde la cuenta.

A más abundamiento, la expresión *homo capax Dei*, hombre capaz de Dios, es una pequeña gran fanfarronada. Dios nos ha hecho *incapaces Dei atque proximi,* incapaces de Dios y de tú projimal, no porque Él sea incapaz, pero sólo Él sabrá por qué. Los tobillos se inflan y el sueño adormece en Getsemaní a los discípulos trans/euntes que dicen ir a la huella de Jesús; a la hora de la verdad nuestros pobres pies derrengados no están a la altura de las manos de Cristo en la eucaristía. En el *yo/y/tú* de Martín Buber, donde se concitan la filosofía y la teología del encuentro, aquella unión es una asíntota escatológica ideal, no alcanzable *en* este mundo. Hay personas capaces de vínculos maravillosos, pero otras tan sólo capaces de hablar de ello; se pavonean del "te amo", pero no te llegan sus vibraciones; muchas de esas personas tienen además la insólita pretensión de hablar de su unión con "lo" celeste/cósmico/panúrgico más allá de la unión tú/yo. Pobres gentes, se van a morir sin nada saber de la nada del Todo.

La *y* del yo/tú es un átomo solitario, un sintagma fracasado, aunque menos fracasado que la *o,* que es la impotencia de la *"y",* su orfandad. Y ambas configuran el haz y el envés de la antropología. Quien no ha padecido alguna vez esa ambivalencia dinámica no es de este mundo. Imposible el puro *y* + *y* + *y* + *y* sin el *o* + *o* +*o* + *o.* ¿Cómo puede ser tan afortunada una mota de polvo que se siente abrazada, sino porque el amor es una simple mota de polvo capaz de trocar el *o* en *y?* La mota de polvo es una metáfora de lo absoluto imposible, y al mismo tiempo, y por ello, mágico. La frustración de la mota de polvo está en no ser más que una simple mota de polvo, pero su sabiduría en su deseo de ser cuidada, abrazada, sostenida, infinitizada por los brazos de lo infinito. Pero lo infinito de la mota de polvo inteligente es –Pascal dixit- sentirse agradecido por la caricia del Absoluto que la trasciende y que la funda, en la cual se mueve sin apenas saber nada del Absoluto en que se mueve: "eres la gota que en el mar culmina". Es una metáfora a la que también podría dársele tranquilamente la vuelta y decir: "eres el mar que en la gota culmina".

En semejante argumentario cabe también esta otra metáfora, a la vez metonimia y sinécdoque: "no importa si el tiempo se demora/ al atravesar la mar/ un día unas manos temblorosas/ el mensaje alcanzarán". Las cosas en el espacio están a la espera de las manos, de lo táctil, y en esa espera envejecen y maduran. El tiempo es más agresivo, se adhiere cual garrapata a nuestro rostro que entonces se vuelve más agresivo, incapaz de madurar sin ira. El espacio es más exterior, el tiempo viene de dentro; el espacio está en nuestras grasas, el tiempo es más esencial y desconocido. Espacio/tiempo es una alegoría escatológica de la esperanza que nos invita al espacio/tiempo infinito, donde la vida ya no es protegida por las manos temblorosas, caedizas, del humilde humus humano tembloroso.

Lo pequeño está hecho para lo absoluto, en lo pequeño late lo absoluto, aunque para esto decir es necesaria la fe, la voluntad de creer. El espacio hay que leerlo en el más allá de lo que es, en el terreno de lo meta/físico del tiempo infinito, es una anticipación de la muerte que hay en la vida y de la vida que hay en la muerte: "nunca he temido a la muerte,/ una vez se aproximó.../ sentí una paz inmensa/ y de mis labios brotó:/ perdón por mis faltas".

Por un nuevo sindicato de maestros

¿Qué hacen los maestros? Funcionarización de los profes, abolición de oposiciones, mejores sueldos, jubilaciones anticipadas, más vacaciones, menos carga laboral, programas que exijan menor esfuerzo, *topfeminismo*, más saberes políticamente correctos, menos alumnos por grupo. Durante mis cuarenta y tres años ininterrumpidos de magisterio (doce en la era secundaria y treinta y uno en la terciaria, en total cuarenta y cuatro glaciaciones) he alzado mi voz solitaria (para unos católico de derecha, para otros anarquista de ultraizquierda, para todos ya inexistente).

-Confrontación, separación, relativismo y violencia. La docencia pide ecuanimidad, inteligencia empática, dominio de la materia y perspectiva histórica a fin de no provocar la estampida de vísceras, espíritu crítico, debiendo sacrificar la deriva narcisista o panfletaria. Renunciar a ser *maestro estrella*, o *maestro oportunista* resulta difícil cuando *la confrontación* lleva a la *separación*, y ésta al *relativismo* y la *violencia*. En las generaciones sin autoridades morales no hay patria o matria que sirva de referente, ni voluntad de construcción del *nosotros*. *En consecuencia, no hay manera de compatibilizar tradición e innovación*, y en cada intervención aparece la

lobología, antropología del *hombre lobo para el hombre.* Las *escuelas/secuelas son manadas.* La escuela desaparece como *faro de libertad,* y el *fracaso escolar* es *fracaso social,* fracaso de los padres que son falsos padres, fracaso de los maestros que son malos maestros, fracaso de los alumnos que son malos alumnos, en definitiva fracaso del pueblo y emergencia de los pueblos falsos, ese populismo incapaz de entender correctamente aquello de Manuel Machado: hasta que el pueblo las canta las coplas coplas no son, y cuando las canta el pueblo, ya nadie sabe el autor. Procura tú que tus coplas vayan al pueblo a parar, aunque dejen de ser tuyas para ser de los demás. Que, al fundir el corazón en el alma popular, lo que se pierde de nombre se gana de eternidad.

-*A vuelo nuevo, maestro renovado.* Ignoro, maestro qué te enseñaron, para qué aprendiste y si deseas retrasmitirlo y revivirlo. Pero si te enseñaron eso que acabamos de reprobar, tienes que volver a cursar tus primeras letras unciales en una enseñanza verdaderamente primaria y primera. Para ello tendrás que cargarte de valor, quemar las naves y desaprender lo aprendido, lo manido. No hay más remedio; si no quieres renacer como *fénix magisterial* de tus propias cenizas no lograrás que en tu escuela crezcan águilas de vuelo libre y majestuoso, en cuyo lugar te nacerán pollos de corral acostumbrados a cagar en el palo del mismo gallinero: verdad es que los maestros aprendemos enseñando, pero también lo es que nos desgastamos y anquilosamos en nuestras rutinas. Trienios y sexenios son un arma de doble filo.

Ahora bien, renovarse exige estudiar siempre y mucho, nadie lo sabe todo, y menos aún quien cree que todo lo sabe. Estudiar es una de las ejercitaciones más duras que existen, sobre todo cuando se busca la verdad sin frivolidad, no sólo para leer lo que apetece, sino también para adentrarse en lo difícil hasta dejarse buena parte de la vida luchando por lo profundo, lo riguroso y lo eterno que hay en cada humano. Pero ¿cómo podría pedirse esto a quien nunca supo en qué consiste lo profundo, ni lo imaginó, ni lo deseó transmitir a sus alumnos, que en buena medida reproducirán su misma trivialidad? ¿Cuántas horas estudias al día? Pues ese guarismo definirá tu profundidad epistemológica, el ministerio de tu magisterio, tu *instructio* insustituible. Estudiar no es masoquismo, ni acumular callos anales, ni mover los ojos cuando se lee, hay que mover simultáneamente el corazón, razón por la cual decir *maestro* y añadir *amado* constituyen un pleonasmo. Si no quieres a la gente con la que convives *no convivirás* con la gente, *malvivirás* con ella. Pon cerca a los torpes, a los peores, a los más desagradables y agresivos contigo- y nunca les relegues a las filas oscuras del fondo. El maestro no llega al aula a *expulsar* gente, sino a *impulsarla*. ¿Y si no eres empático, si no buscas quererles aunque no les quieras, qué quieres? Pues sábete que si no les quieres no estás cualificado para enseñarles. Cambia tu chip, *maestro funcionario que no funciona*.

-*Por tus obras te conocerán.* Se nos quiere no sólo por lo que decimos, también y sobre todo por lo que hacemos, tus hechos te coronan, no tus meras palabras; por lo general nos repugnan quienes enseñan una cosa y hacen la contraria, no hay mayor desafecto ni más grande decepción que el desencanto ante la decepción de un traidor a la verdad. No se trata de ser tan ejemplar que no podamos fallar, pero el maestro digno pedirá perdón por sus desafectos (no afecto es desafecto), por sus culpas, por sus grandísimas culpas, luchará por no desesperarse ante las limitaciones, y aceptará en lo posible la corrección de quienes son enseñados por él. La escuela es el lugar de la humildad y de la paciencia, esas dos grandes virtudes del maestro, que es un asno que cabalga despacio. Quien soporta nuestros errores porque nos ama puede perdonárnoslos: estamos obligados por amor a pedir perdón, única forma de que el perdón sea generoso, única forma también de aprender a crecer en reciprocidad.

-Enseñar a la tribu entera a que deje de ser tribu y pueda devenir comunidad. Pueblos mal enseñados, mal gobernados, mal crecidos, son el resultado de unos padres y maestros a su vez mal enseñados, mal gobernados y mal crecidos. Al enseñar, el maestro no sólo se complace en lo extenso ni en lo exitoso de su praxis, sino que también y sobre todo apunta hacia lo eterno siempre válido. El maestro no sólo enseña para sus alumnos, como tampoco el padre exclusivamente para sus propios hijos, y menos para que éstos exploten a los hijos de lo demás. Enseña para que, allende su muerte, los cipreses apunten aún más a lo alto, den más sombra y sanación de violencias cainitas. Cuando enseño trato de que ellos a su vez enseñen a sus compa-

ñeros, a sus hijos, a sus naciones, e incluso para que recen por sus muertos, de tal manera que nada de lo bueno se extinga nunca e incluso, una vez extinto, se lo pueda resucitar. Esto no es mucho pedir cuando se busca la solidaridad con las generaciones posteriores: al maestro chico le vienen grandes los pequeños retos, así que cuando mira a la luna solamente ve el dedo que la señala.

La enseñanza del maestro no consiste en poner alambradas ni en cavar trincheras, el maestro es ese animal *transfronterizo* que desalambra todas las fronteras, las propias y las ajenas, pues alienta ese *citius, altius, fortius,* que los rectores de las universidades erigen como máxima de sus rectorías sin saber traducirla siquiera, y que significa *más lejos, más alto, más fuerte.* Hay que volver a las raíces, en este caso griegas, de la palabra *syndiké,* unión de personas que buscan la justicia y la unión en su pasión.

El paso de lo necesario a lo imprescindible en la cultura del esfuerzo

"Al competir, mientras se está en la lid o en la cancha, nadie es más que nadie. Gana el mejor, el primero, el que tiene más mérito. Son todos absolutamente idénticos en virtud del honor. Y, si corrieron o saltaron bien, el perdedor no existe. Quien ganó lleva indeleblemente la única corona, pero los participantes -ennoblecidos por el ejercicio- se presentan como afines y hermanos. No hay falsa bondad ni modestia ridícula. Quien triunfó porta el cetro, pero el participar es ya una distinción, una manera de ser similar en la dignidad. Un auténtico compañero. En el deporte existe el mejor, pero no clase social ni privilegios. ¿Hay moral más apetecible? Enseñando la igualdad y la diferencia, el ejercicio es signo además de hedonismo sabio y de pasión, de aprecio por la intensidad y riqueza del instante. Pero muestra que triunfo y placer, requieren un previo esfuerzo: la gloria del sudor y del cansancio. Así que epicureísmo y estoicismo al tiempo, como postulaban los antiguos romanos. Revulsivo contra los límites y restricciones del cuerpo, el deporte atlético es una subversión contra la medianía, una manera que torna hermosura el estímulo. Por todo ello es un *humanismo*, y debiera enseñarse –con el latín– no como elementalidad, sino en el más alto grado de refinamiento educativo"[78]. Los enemigos de este humanismo y de su correspondiente magisterio son los perezosos, los que envidian a los mejores y les denuncian como elitistas. En esas condiciones, contra el populismo barato digo con el clásico: *multitudo non est sequenda*, no hay que seguir a esa legión despectiva que dice "a mí no me vengas con latinajos" -la lengua de nuestros mayores- y que ignora tanto que ni siquiera sabe que tampoco los curas saben hoy latín. "No me vengas con latinajos…" ¿con qué te vengo, buey?

No pocos intelectuales que cifran su iluso supremacismo en rechazar, son la más patética estampa de la incapacidad. De este modo pasean la cola de lamé de su vestido de noche por el sucio serrín del suelo; frente a ellos osamos decir con Wilde: *One should always be a little* uno debería ser siempre un poco improbable. Frente al colectivismo uniformista romo, sólo el atleta puro puede consagrarse a la inutilidad y terminar en el fracaso, pues para él perder es el último acto de ganar, *the gentle art of making enemies*. El devorado por la envidia roedora se especializa en evitar el propio esfuerzo desgranando un interminable rosario de supuestas prohibiciones a las que se tiene la desvergüenza de llamar ortodoxia, no siendo más que un puritanismo abstracto e impuro. Para estas tristes almas, el atleta olímpico es un peligro. Son almas paralizadoras, tardías en sus flácidas deposiciones, que al parir sus minúsculos ratones hacen como que ruge la montaña; en realidad, sólo en meter

---

[78].- Villena, L-A: *A la contra*. Editora Regional de Extremadura, Mérida, 1989, pp. 23-24.

en el infierno a los mejores son ellos mismos los mejores. En su cobardía, ponen a tórculo risitas simpáticas a quienes juzgan impostores juzgando demasiado y demasiado injustamente: "permítame hoy ser sincero con usted", dice la persona honesta. -"No, le ruego que no lo sea, temo que pondría su buena educación en apuros" responde el indecente irónico.

Aunque no lo parezca, estos envidiosos escocidos tienen su genealogía en los bárbaros, es decir, en los enemigos del *fair play*. Sin otra compensación que la de hinchar sus músculos, no son atletas; la juventud poderosa es un tesoro que no debiéramos dejar en manos de los adolescentes, y menos aún si son zafios y violentos, es decir, si son jóvenes bárbaros que transforman un concierto de rock en un basurero de latas de cerveza, escupitajos, papelinas de droga y bullangas repletas de alaridos, como corresponde a la desgracia de quienes sí se someten a los dómines de los gimnasios, a la violencia y el mosqueterismo, poniendo en los músculos la principalía de sus valores. Lástima que nadie les diga que la verdadera diversión es la que no acaba de llegar ninguna noche.

Decididamente, no sabrán competir quienes crean ser lo que no son por culpa de su *super ego*, pero su cerebro está hecho de neuronas homo/eróticas, paganizantes, excéntricas incluso para su propio *underground* (son el *underground* del *underground* y por lo mismo su ocaso), gustan el fango con paladar de príncipe. ¿Quién como el bárbaro? Sería erróneo competir con él, porque el bárbaro embiste, no le han enseñado a transformar por elevación su vigor biológico. Sin embargo, la cultura no consiste en transformar al toro que embiste en ave de pluma, sino en mutar el plumaje de buitre en valentía para el bien, que siempre vuela más alto: la vida es inalcanzable en la vida.

A competir con honor se enseña igualando la diferencia y diferenciando la igualdad. Enseñando la igualdad y la diferencia, el ejercicio es signo de sabia pasión, de aprecio por la intensidad y riqueza del instante. Pero muestra que triunfo, e incluso placer, requieren un previo esfuerzo: la gloria del sudor y del cansancio físico. Así que epicureísmo y estoicismo al tiempo, como postulaban los antiguos romanos.

Revulsivo contra los límites y restricciones del cuerpo, el deporte atlético es una subversión contra la medianía, una manera de tornar hermoso el estímulo. Por todo ello es un humanismo, y debiera enseñarse —con el latín— no como elementalidad, sino en el más alto grado de refinamiento educativo"[79]. Los enemigos de este humanismo elegante, electivo, son los perezosos, los procrastinadores, los humillados por su propia envidia respecto de los mejores, los que te llaman elitista porque no están a otra altura que la de sí mismos, que es poca, toda esa multitud de verdugos y

---

[79].- *Ibi*, pp. 22-23.

crucificadores incapaces de dar algo de sí, las masas: *multitudo non est sequenda*, no hay que seguir a esa multitudinaria legión, que llama "andar con latinajos" al conocer la lengua de nuestros mayores, el latín.

Sin embargo, la cultura del esfuerzo es la única que merece llamarse tal y la única que puede llegar a serlo. No hace falta ganar, sino participar, pero dándolo todo. Para quien no da más de sí, basta con haberlo querido, *est nobis voluisse satis*, y con saber aplaudir a los mejores, ponerles la corona de laurel, admirarles sanamente. Sin admiración sana sólo queda rencor insano, amor decadente, ceniciento, y luego la nada roedora. Sin embargo, para los menos conformistas no basta con haber querido querer mucho. Rechazamos, pues, el "todos somos necesarios, pero ninguno imprescindible"; si se es necesario, se es también imprescindible, y cuando no se es imprescindible tampoco se es necesario, sino innecesario.

Excipit: si te dan papel pautado, escribe por el otro lado

Comienzo mis escritos tratando de justificar su por qué y su para qué, e incluso su por qué no y su para qué no. No lo hago obligado por ningún editor, de esos que ahora te piden un *Abstract* para que el lector se conforme sin leer el artículo o libro que le siguen. Tampoco busco remilgadamente eso que llaman "palabras claves del texto", pues todas las palabras son claves, y no sólo las más repetidas en el escrito, no solamente porque palabras clave son todas por su relación sinérgica, sino también porque la clave de las palabras clave es sin palabras, el silencio creativo.

Nada existe para mí más conmovedor y gratificante que quienes pagan dinero por el libro desplazándose hasta la sala de conferencias donde también pagan su acceso. Con esto de las enseñanzas virtuales quien no se esfuerza no disfruta: la ley del mínimo esfuerzo mata. De una civilización colmada de archiperres mecánicos no saldrán generaciones creativas.

Vivir jubilosamente no debería resultar difícil a los docentes porque cada año cambian de auditorio con cada nuevo curso: curso nuevo, alumnos nuevos, música renovada. Ni siquiera con los mismos estudiantes a lo largo de años he sido capaz de repetir dos días la misma partitura; no hubiera podido soportar que me llamasen "el Anaya", como a ese fulano que a las preguntas de sus pupilos respondía siempre con el mismo tono y timbre: "eso está en el Anaya", en el correspondiente libro de texto. Editorial Anaya y profesor Canalla, mala rima.

Inevitablemente uno se repite, pero me he liberado de la desesperación académica cuando he recordado que para esas criaturas cada palabra era nueva, por quebrada y gastada que estuvieran mi lengua y mi paladar. Por lo general docencia y discencia terminan arrastrando sus fluidos con cansina pesadez adocenada. Siempre recuerdo aquella conversación con mi profesor de Ética, López Aranguren: "el cansancio comienza, me dijo, cuando la rótula se calcifica", lo cual empieza a ocurrir a los veintidós años aproximadamente. Bueno es saberlo para afrontarlo sin fantasías de omnipotencia. Todo esto lo he ido comprobando a golpe de rótula por propia experiencia, que al parecer es la madre de la ciencia. Y contra todo esto, para su adecuada evitación, trabajo. Mi natural disposición anímica, que me lleva a pensar las cosas hasta el fondo, me han convertido a mi pesar en un Pepito Grillo, en una MC (Mosca Cojonera), en un CI (Contreras Impenitente). Doylo todo por bueno antes que morir y matar de tedio. No tendría valor para presentarme en ningún locutorio si supiera que aburría, por eso siempre llevo en la mochila toneladas de humor.

Decía Enrique Jardiel Poncela que para tener un carácter sereno, ecuánime y ordenado, lo mejor es escribir siempre a máquina. De semejante aberración quisiera yo escapar, por eso *si me dan papel pautado escribo por el otro lado*. Jamás escribo de cutio, de oficio, ni mucho menos por dinero, sino porque cuando deje de hacerlo en libertad me encontraréis muerto. Cuando te repites desde la libertad no te repites, es la hermosura de la repetición descubierta por Kierkegaard. Cuando te repites no estás en ninguna parte.

Si te dan papel pautado, sí, escribe por el otro lado, pero no por adolescencia, sino hacia lo *interhumano humanador*. El impulso de autoría no se descubre desde la recóndita soledad. La experiencia del *decir tú* es el impulso de estar vinculados: para desarrollarse hay que poder comunicarse. Vivir significa ser llamado y escuchar. Un diálogo de este tipo está abierto a las sorpresas, tal vez mañana tenga una conversación genuina con alguien con el que hasta ahora no he tenido contacto. Sólo personas capaces de hablarse realmente de tú pueden decir verdaderamente nosotros. En los grupos agitados es más difícil que surja ese *nosotros*, pues bastaría la admisión de un solo miembro con afán de ostentación y con pretensiones de destacar por encima de los demás para que se hiciera imposible el nacimiento o la subsistencia del nosotros[80]. Y eso precisa una formación más profunda que la del "cada maestrillo con su librillo" y la del colectivismo y que la autodidaxia absoluta del "yo me enseño a mí mismo".

---

[80].- Buber, M: *Qué es el hombre*. Fondo de Cultura Económica, México, 1960, pp. 105-106.

La comunicación sólo es fértil cuando pregunta reflexivamente. La escuela mejor es la que mejores interrogadores propicia, pero sólo pregunta bien quien estudia mucho. Pensar lo universal exige enraizarse en lo particular, pero a su vez sólo entra en lo particular quien sabe buscar lo universal. En esta interacción la educación del carácter no vive sin normas: "apoyarse uno a otro para la autorrealización de la humanidad conduce lo interhumano hacia su culminación. Sólo si cada persona considera a la otra como lo más alto que le está destinado sin pretender imponerse acontece el señorío dinámico del humano"[81].

Docente y discente descubren un mundo nuevo cada día. El vínculo profesor/alumno es especial porque no hay completa reciprocidad, ni es posible que la haya. Ser maestro es un diferencial. No obstante, tiene que haber de tiempo en tiempo un acercamiento personal a cada alumno sin que nada pueda sustituirlo, y por eso la profesión del educador resulta muy difícil: "¿es posible suscitar en los alumnos fe en el diálogo y en el encuentro? No hablo de tener fe en un encuentro, sino en esta persona particular que es el profesor. No es necesario que el niño de diez años sepa algo acerca de encuentros o de relaciones mutuas pero lo que sí necesita es que, cuando esté cerca del profesor, sienta que puede contarle todo lo que le pasa. Lo importante es que como profesor sea una persona en la cual pueda el niño tener confianza. Una enseñanza cuyo objetivo fuera el *qué* no

---

[81].- Buber, M: *Elementos de lo interhumano*. Editorial Mounier, Madrid, 2013, pp. 84-86.

sería educativa; pero si su meta es el *cómo*, entonces sí. La educación no sólo es una cuestión del qué, sino del cómo: cómo se enseña, cómo se presentan las cosas, tarea muy difícil. Incluso en la educación técnica, donde puede parecer que no hay lugar para una experiencia vital, hay un cómo. Cuando al alumno le presentan el mundo tecnológico, es importante saber cómo se siente en cada paso del camino. Lo fundamental es que lo tecnológico cobre humanidad, que dentro de la tecnología haya relaciones genuinas"[82].

A los alumnos mal educados el maestro les hará saber que no pretende convencerles, ya que ellos identifican ser convencidos con ser vencidos y en cada discusión porfiada no defienden la verdad, que no les parece tal si no es suya, sino su propia infalibilidad y su orgullo. Si errar es humano, para ellos lo sobrehumano sería reconocerlo, ya que lo que más les importa es llevar razón.

Técnicas de diálogo y estrategias de comunicación se improvisan, pero en el aula lo menos posible. El aula no es el lugar de los experimentos, sino de la experiencia. Los niños no son conejillos de indias. La experiencia del educador, la entera historia de la pedagogía misma, pregonan de forma universal que sólo nos enseña quien nos quiere e inspira confianza. Los conflictos entre maestro y discípulo no son inevitables ni deben ser evitados por principio, pero en el momento en que se presenten han de servir para que el último

---

[82].- Buber, M: *Sionismo y universalidad.* Editorial Mounier, Madrid, 2012, pp. 275-276.

asimile la 'derrota' y encuentre en el primero la necesaria palabra de cariño. Si el 'derrotado' es el profesor, la humildad se impone, sin caer en el masoquismo que destruye también la confianza del alumno. El trabajo de formación consiste en dilatar la esperanza: "al educar a los jóvenes les explico que hay cosas por las cuales vale la pena vivir. El educador influye incluso sin hablar. Y otro elemento es la visión; de tiempo en tiempo se debe mirar alrededor y observar las circunstancias de vida. Abrir los ojos, eso es lo que propongo, no solamente tener principios"[83].

Por muy confiada que sea la reciprocidad dar-recibir, el nosotros no es recíproco. El alumno no puede experimentar el educar del educador. El educador está en los dos extremos de la situación común, el alumno sólo en uno. En el instante en que también éste pudiera ponerse en el otro lado y experimentar desde ese otro lado, la relación educativa se transformaría en amistad. Le es inherente a lo educativo el ascetismo gozoso dentro del sistema de entrega, respeto, confianza y distancia. Tan pronto como el ayudador se deja llevar por el deseo de dominar o de agradar a su alumno, o por el de ser dominado o agradado, se corre el peligro de una falsificación, comparada con la cual toda charlatanería es cándida.

Lo escolar es interpersonal: "en el encuentro 'preparador de encuentros', el encuentro permite realizar después otros, el que abre

[83].- *Ibi,* p. 277.

al hombre para un mundo donde mil cosas maravillosas, deslumbrantes, de riqueza inagotable, que van a ir desvelando su misterio o aumentándolo"[84]. El encuentro es un aferente y un eferente. Ahí se pone a prueba la capacidad de encuentro. Hay dos voluntades, la descifradora, y la de escucha, "el hombre tiene para el encuentro de sí mismo, a la vez, una miopía y una presbicie que le impide atisbar lo que le ocultan inconscientes resistencias y mecanismos transferenciales"[85]. En esa medida uno resulta germinalmente del aprendizaje del sí mismo gracias a los encuentros interpersonales. Quien no pone el acento escolar en esa relación interpersonal cae en la *irrelación yo-ello* yendo y viniendo de nosotros a las cosas y de las cosas a nosotros.

La escuela es ese triple esfuerzo por encontrar el *yo-y-tú* desde el *nosotros* incluyente. Que se le pegue la lengua al paladar al maestro que haya quitado la mano del arado con el que hendir la cuchilla en la aridez de la tierra sedienta.

---

[84].- Rof Carballo, J: *El hombre como encuentro.* Editorial Alfaguara, Madrid, 1973, p. 59.

[85].- *Ibi*, p. 52.

Este libro se terminó de imprimir en marzo de 2025